定期テスト **ズバリよくでる** 英語 | 3年 開隆堂版 | SUNSHINE ENGLISH COURSE 3

もくじ

JN125640

取り外してお使いください 赤シート+直前チェックBOOK,別冊解答

※全国の定期テストの標準的な出題範囲を示しています。学校の学習進度とあわない場合は、「あなたの学校の出題範囲」欄に出題範囲を書きこんでお使いください。

Step 1 基本チェック ・ PROGRAM 1 ～ Steps 1

10分

■ 赤シートを使って答えよう！

❶ [ask[tell] ～ to …] [ ]に適切な語を入れよう。

☐❶ 私はミキに部屋を掃除するように頼みました。

I [asked] Miki [to] clean the room.

❶ _____

☐❷ 彼は私に花に水をやるように言いました。

He [told] me [to] water the flowers.

❷ _____

❷ [want ～ to …] [ ]に適切な語を入れよう。

☐❶ 私たちはあなたに歌を歌ってほしいと思います。

We [want] you [to] sing a song.

❶ _____

☐❷ 私はあなたにすぐに来てほしいと思います。

I [want] [you] to come soon.

❷ _____

❸ [It is ～ (for＋人) to ….] [ ]に適切な語を入れよう。

☐❶ ケーキを作ることは難しいです。

[It] is difficult [to] make a cake.

❶ _____

☐❷ 英語を勉強することはおもしろいです。

It is interesting [to] [study] English.

❷ _____

☐❸ 私にとってギターをひくことは楽しいです。

It is fun [for] me [to] play the guitar.

❸ _____

☐❹ 私たちが歴史を学ぶことは重要です。

It is important [for] [us] to learn history.

❹ _____

❹ [主語＋be動詞＋形容詞＋that ～.] [ ]に適切な語を入れよう。

☐❶ 私はあなたに会えてうれしいです。

I'm [glad] [that] I met you.

❶ _____

☐❷ 私たちは彼がその自転車を手に入れたので驚いています。

We [are] [surprised] that he got the bike.

❷ _____

☐❸ 私は彼女がコンサートに来ると確信しています。

I'm [sure] that [she] will come to the concert.

❸ _____

☐❹ 私はあなたが遅れないか心配です。

I'm [afraid] [you] will be late.

❹ _____

ズバリよくでる 直前

チェックBOOK

- テストに**ズバリよくでる!**
- **重要単語・重要文**を掲載!

英語

開隆堂版
3年

赤シートで
何度でも!

✓重要語チェック　英単語を覚えましょう。

[PROGRAM 1]

□tellの過去形	動told
□スーツケース	名suitcase
□楽器	名musical instrument
□マラソン	名marathon
□ピクニック	名picnic
□リレー(競走)	名relay
□chooseの過去分詞形	動chosen
□lendの過去形	動lent
□ホッチキス	名stapler
□(おもに果樹の)花	名blossom
□正午	名noon
□色彩に富んだ	形colorful
□自家製の	形home-made
□入手できる, 利用できる	形available
□すばらしい, すてきな	形fantastic
□バランスのとれた	形well-balanced
□栄養	名nutrition
□発展させる, 開発する	動develop
□独自の	形own
□配達	名delivery

□サービス	名service
□配達する	動deliver
□職場	名workplace
□違った, 異なる	形different
□頭痛	名headache
□高熱	名fever
□寒くて身ぶるいするような	形chilly
□痛み	名pain
□薬	名medicine
□腹痛, 胃痛	名stomachache
□littleの最上級	形least

[Word Web 1]

□(時間を)過ごす	動spend
□ブラシをかける	動brush
□(液体を)ふっとうさせる	動boil
□こんがりと焼く	動toast
□パン	名bread

[Steps 1]

□ジャーナリスト, 報道記者	名journalist
□文書, 書かれたもの	名writing
□発行[出版]する	動publish
□信頼する	動trust

✓重要文チェック　日本語を見て英文が言えるようになりましょう。

[PROGRAM 1]

□私は父に新しい自転車を買ってくれるように頼みました。

I <u>asked</u> my father <u>to</u> <u>buy</u> me a new bike.

2

□私に電話をかけ直してくれるように彼に頼んでいただけませんか。	Could you <u>ask</u> him <u>to</u> <u>call</u> me back?
□私たちはマイクに家に帰るように言いました。	We <u>told</u> Mike <u>to</u> <u>go</u> home.
□私はあなたにこのチョコレートを食べてほしいと思います。	I <u>want</u> you <u>to</u> <u>eat</u> this chocolate.
□早起きすることは難しいです。	<u>It</u> <u>is</u> difficult <u>to</u> <u>get</u> up early.
□私が中国語を理解することはかんたんてはありません。	<u>It</u> <u>is</u> <u>not</u> easy <u>for</u> me <u>to</u> <u>understand</u> Chinese.
□私はあなたがこのプレゼントを気に入ってくれてうれしいです。	<u>I'm</u> <u>glad</u> (<u>that</u>) you like this present.
□私たちはコウジがコンクールで優勝したので驚いています。	<u>We</u> <u>are</u> <u>surprised</u> (<u>that</u>) Koji won first prize at the contest.
□私は多くの人々がロボットといっしょに暮らすだろうということを確信しています。	<u>I'm</u> <u>sure</u> (<u>that</u>) many people will live with a robot.
□私は間違えていないか心配です。	<u>I'm</u> <u>afraid</u> (<u>that</u>) I have made a mistake.
□私はずっと彼を待っていました。	I've been <u>waiting</u> <u>for</u> him.
□これがあなたのカップです。	<u>Here</u> <u>is</u> your cup.
□このようにして絵を描きなさい。	Draw a picture <u>in</u> <u>this</u> <u>way</u>.
□このコンビニエンスストアには20種類以上のパンがあります。	There are <u>more</u> <u>than</u> twenty kinds of bread in this convenience store.
□彼女はさまざまな本を持っています。	She has <u>a</u> <u>variety</u> <u>of</u> books.
□私は熱があります。	I <u>have</u> <u>a</u> <u>fever</u>.
□今すぐここに来てください。	Please come here <u>right</u> <u>now</u>.
□私たちには少なくとも1時間が必要です。	We need <u>at</u> <u>least</u> an hour.

PROGRAM 2 Good Night. Sleep Tight. ～ Power-Up 1

教 pp.19〜28

✓ 重要語 チェック 英単語を覚えましょう。

[PROGRAM 2]

□ぐっすりと，深く	副tight
□失う，なくす	動lose
□loseの過去分詞形	動lost
□holdの過去分詞形	動held
□鈴，鐘	名bell
□標識，表示	名sign
□歩行者	名walker
□横断する	動cross
□影響を及ぼす	動affect
□今夜(は)	副tonight
□不足	名lack
□(精神を)集中する	動concentrate
□(時間の)分	名minute
□体	名body

□エネルギー	名energy
□光っている，明るい	形bright
□(スマートフォンなどの)画面	名screen
□脳	名brain
□昼	名daytime
□結果	名result
□眠って，眠りについて	形asleep
□習慣	名habit
□改善する，向上させる	動improve
□昼寝，うた寝	名nap
□竹	名bamboo
□ジャイアントパンダ	名giant panda

[Power-Up 1]

□旅行者	名traveler

✓ 重要文 チェック 日本語を見て英文が言えるようになりましょう。

[PROGRAM 2]

□私はあの少年がだれか知りません。

I don't know <u>who that boy is</u>.

□彼女がどこに住んでいるのか私に教えてください。

Please tell me <u>where she lives</u>.

□あなたは祭りがいつ開催されるか知っていますか。

Do you know <u>when the festival is held</u>?

□私たちはだれがその質問に答えられるか知っています。

We know <u>who can answer the question</u>.

□私はあなたにこれが真実でないということを示しましょう。

I'll <u>show you</u> (<u>that</u>) this is not true.

4

教pp.19〜28

□眠りがどのように健康に影響を及ぼしているか知るべきです。	You should know <u>how</u> <u>sleep</u> <u>affects</u> your health.
□私にはわかりません。	I <u>have</u> <u>no</u> <u>idea</u>.
□あとで睡眠不足を補うことはできません。	You can't <u>make</u> <u>up</u> <u>for</u> lack of sleep later.
□たとえ十分に長く眠っても，私は疲れを感じたことがあります。	I've felt tired <u>even</u> <u>though</u> I slept long enough.
□彼はいつもエネルギーに満ちています。	He <u>is</u> always <u>full</u> <u>of</u> energy.
□あなたは夜に，光っている画面を見るべきではありません。	You <u>shouldn't</u> look at the bright screen at night.
□その結果として，よい睡眠がとれなくなります。	<u>As</u> <u>a</u> <u>result</u>, you cannot get a good sleep.
□このようにして，たやすく寝入ることができます。	You can <u>fall</u> <u>asleep</u> easily in this way.
□あなたは昨日かぎをテーブルの上に置いたんですよね。	You put your key on the table yesterday, <u>right</u>?
□私たちは1日に6時間眠らなければなりません。	We must sleep six hours <u>a</u> <u>day</u>.

[Power-Up 1]

□新宿駅まで行き，そこで電車を乗りかえてください。	Go to Shinjuku Station and <u>change</u> <u>trains</u> there.
□そこでどの線に乗ったらいいですか。	<u>Which</u> <u>line</u> <u>should</u> <u>I</u> <u>take</u> there?
□ここから約30分かかります。	<u>It'll</u> <u>take</u> about 30 minutes from here.
□気をつけて。	<u>Take</u> <u>care</u>.

5

教pp.29〜43, 50

✓ 重要語 チェック 英単語を覚えましょう。

[PROGRAM 3]

□目が覚める，起きる	動wake
□休息，休養	名rest
□笑う	動laugh
□(菓子などを)焼く	動bake
□競技連盟，リーグ	名league
□ハーフタイム，休憩	名half-time
□作り出す，生み出す	動create
□屋内の，室内の	形indoor
□戸外の，野外の	形outdoor
□drawの過去形	動drew
□報告(書)，レポート	名report
□(周囲に観覧席のある) 競技場	名arena
□最後の，最終の	形final
□トーナメント	名tournament
□幸運	名luck
□赤ん坊，赤ちゃん	名baby
□超強力な	形super
□力	名power
□特に	副especially
□怒った	形angry
□心地よい	形comfortable

[Steps 2]

□ソフトボール	名softball
□絵，絵画	名painting

[Our Project 7]

□風	名wind
□船，ボート	名boat
□真ん中	名middle
□大洋，海	名ocean
□インタビューする人	名interviewer
□島	名island
□生き延びる	動survive
□ファッション，流行	名fashion
□服を着る	動dress
□支援，支え，支援する	名動support
□話し手，話者	名speaker
□chooseの過去形	動chose

[Power-Up 2]

□しみ，よごれ	名stain
□そで	名sleeve
□交換する	動exchange
□領収書，レシート	名receipt
□店員	名salesclerk
□レンズ	名lens
□傷つける	動damage

✓ 重要文 チェック 日本語を見て英文が言えるようになりましょう。

[PROGRAM 3]

□私たちはそのイヌをポチと呼び ます。　　We <u>call</u> the dog <u>Pochi</u>.

□私たちはそのネコをタマと名づ　We <u>named</u> the cat <u>Tama</u>.
　けました。

□ミキの手紙はいつも私を幸せに　Miki's letters always <u>make</u> me <u>happy</u>.
　します。

□あなたは部屋をきれいにしてお　You have to <u>keep</u> your room <u>clean</u>.
　かなければなりません。

□ドアを開けたままにしておいて　Don't <u>leave</u> the door <u>open</u>.
　はいけません。

□シンジは私に彼のコンピュータ　Shinji <u>let</u> me <u>use</u> his computer.
　を使わせてくれました。

□あなたの電話番号を私に知らせ　<u>Let</u> me <u>know</u> your phone number.
　てください。

□母は私に牛乳を飲ませました。　My mother <u>made</u> me <u>drink</u> milk.
□私は父が皿を洗うのを手伝いま　I <u>helped</u> my father <u>wash</u> the dishes.
　した。

□今すぐ起きなさい。　　　　　　<u>Wake up</u> right now!
□あなたは休むべきです。　　　　You should <u>get rest</u>.
□彼はアメリカで生まれました。　He <u>was born</u> in the U.S.
□あなたはそこで景色だけでなく，You can enjoy <u>not only</u> the view <u>but</u>
　食べ物も楽しめます。　　　　　<u>also</u> the food there.
□幸運を祈ってください。　　　　<u>Wish me luck</u>.
□彼女は毎週部屋を掃除します。　She cleans the room <u>every week</u>.

[Steps 2]
□ご存じのように私は医者です。　<u>As you know</u>, I'm a doctor.
□春は間近です。　　　　　　　　Spring is <u>just around the corner</u>.
□明日レポートを提出しなさい。　<u>Hand in</u> your report tomorrow.

[Our Project 7]
□その歌手は着飾っていました。　The singer <u>dressed up</u>.

[Power-Up 2]
□いらっしゃいませ。　　　　　　<u>May I help you</u>?
□少々お待ちください。　　　　　<u>Just a minute</u>.

7

教 pp.44〜49

✓ 重要語 チェック 英単語を覚えましょう。

□忠実な	形faithful
□来園者，訪問者	名visitor
□badの比較級	形worse
□害を与える，傷つける	動harm
□陸軍(theをつけて)	名Army
□殺す	動kill
□動物園の飼育係	名zookeeper
□毒入りの	形poisoned
□頭がよい，賢い	形clever
□注射	名injection
□皮ふ	名skin

□注射針	名needle
□かわいそうな	形poor
□愛情のこもった	形loving
□(動物の)おり	名cage
□standの過去形	動stood
□(持ち)上げる	動raise
□横たわる	動lie
□lieの過去形	動lay
□弱い，衰弱した	形weak
□検査[試験]する	動examine
□胃，おなか	名stomach

✓ 重要文 チェック 日本語を見て英文が言えるようになりましょう。

□彼のイヌはそこで芸をしました。	His dog <u>did a trick</u> there.
□少しずつ母はよくなりました。	<u>Little by little</u> my mother got better.
□すぐに天気は悪化しました。	The weather <u>got worse</u> soon.
□ここから逃げ出しなさい。	<u>Get away</u> from here.
□紅茶はあまりに熱かったので私は飲めませんでした。	The tea was <u>so</u> hot <u>that</u> I <u>couldn't</u> drink it.
□紅茶はあまりに熱くて私は飲めませんでした。	The tea was <u>too</u> hot <u>for</u> me <u>to</u> drink.
□注射針が彼の皮ふを貫通しました。	The needle <u>went through</u> his skin.
□彼女は涙ながらにそう言いました。	She said so <u>with tears</u>.
□私はもはや動けませんでした。	I could <u>no longer</u> move.
□ソファーに横たわりなさい。	<u>Lie down</u> on the sofa.
□数年後，男性が私を訪ねてきました。	<u>A few</u> years later, a man visited me.
□私はもはや彼を信じられません。	I <u>can't</u> believe him <u>any more</u>.

教pp.51～62

✓ 重要語 チェック ✎ 英単語を覚えましょう。

[PROGRAM 4]

□手話	名sign language
□身ぶり，ジェスチャー	名gesture
□写真	名photo
□ベンチ	名bench
□デザインする	動design
□情報[意見]を伝え合う	動communicate
□理解する，実感する	動realize
□公式の，正式の	形official
□広く	副widely
□使用者	名user
□アジア	名Asia
□アフリカ	名Africa
□表現	名expression
□つづる，書く	動spell
□アルファベット	名alphabet
□まゆ，まゆ毛	名eyebrow
□顔の	形facial
□必要な	形necessary

□舞台，ステージ	名stage
□wearの過去分詞形	動worn

[Power-Up 3]

□（～を）含めて	前including
□小学校	名elementary school
□活動	名activity
□優勝	名championship
□いくつかの	形several
□初心者	名beginner
□先発選手，スタメン	名starting player
□遠足	名outing
□試合，競技会	名competition
□協議会，会議	名council
□選挙	名election
□展示	名display
□（相手を）負かす	動defeat
□準決勝の	形semifinal
□試合，競技	名match

✓ 重要文 チェック ✎ 日本語を見て英文が言えるようになりましょう。

[PROGRAM 4]

□いすに座っているあの少年は私の兄[弟]です。	That boy <u>sitting on the chair</u> is my brother.
□私は志賀直哉によって書かれた本を読んだことがあります。	I have read a book <u>written by Shiga Naoya</u>.
□まさか[冗談でしょう]。	<u>No kidding</u>!

[Power-Up 3]

□その会合に参加するべきです。	You should <u>take part in</u> the meeting.

9

教 pp.63〜74

✓ 重要語 チェック 英単語を覚えましょう。

[PROGRAM 5]

□(〜に)属する，一員である	動belong
□雄，男性	名male
□首	名neck
□県	名prefecture
□囲む	動surround
□場面	名scene
□(食事などを)出す	動serve
□中古の	形used
□(複数形で)ジーンズ	名jean
□ウェブサイト	名website
□メキシコ	名Mexico
□押しつぶす	動crush
□カカオ	名cacao
□豆	名bean
□香辛料，スパイス	名spice
□みなす	動regard
□高価な	形valuable
□スペイン語[人]	名Spanish
□ヨーロッパの人	名European
□始まる，始める	動begin
□beginの過去形	動began
□固形の	形solid
□スイス人の	形Swiss
□加える	動add
□〜の至るところで[に]	前throughout
□図	名figure
□消費する	動consume

□印象，イメージ	名image
□暗い，悪い	形dark
□(事がらの)面	名side
□不当に，不公平に	副unfairly
□価格，値段	名price
□動き，運動	名movement
□公正な，適正な	形fair
□フェアトレード，公正取引	名fair trade
□ロゴ，マーク	名logo
□女性の	形female
□魔法の	形magic
□ポケット	名pocket
□道具	名tool
□マンガ	名cartoon
□列	名row
□デビュー，初登場	名debut
□記録，最高記録	名record
□プロ	名pro

[Steps 4]

□完全な，申し分ない	形perfect
□電子の	形electronic
□辞典，辞書	名dictionary
□(表示画面を)スクロールする	動scroll
□発光ダイオード	名LED
□毎日の，日常の	形daily
□信号機	名traffic light

✓ 重要文 チェック 日本語を見て英文が言えるようになりましょう。

[PROGRAM 5]

□私は3つの言語を話せる女性に会いました。

I met a woman <u>who</u> can speak three languages.

□あなたは東京駅から出発するその電車に乗ることができます。

You can take the train <u>which</u> leaves from Tokyo Station.

□ビルは広い庭のある家に住んでいます。

Bill lives in a house <u>that〔which〕</u> has a large yard.

□向こうを走っている少女とイヌを見て。

Look at the girl and the dog <u>that</u> are running over there.

□私は音楽部に属しています。

I <u>belong to</u> the music club.

□私たちは彼をよい医者とみなしています。

We <u>regard</u> him <u>as</u> a good doctor.

□そのとき陸軍は戦わざるを得ませんでした。

The Army <u>was forced to</u> fight then.

□私は3試合続けて勝ちました。

I won three games <u>in a row</u>.

[Steps 4]

□インターネットは役に立ちます。一方で，悪い点もあります。

The internet is useful. <u>On the other hand</u>, it also has bad points.

□つまり，それはたやすくはないということです。

<u>In other words</u>, it's not easy.

□同時に美しい景色も楽しむことができます。

You can enjoy the beautiful view <u>at the same time</u>.

□私たちは試合に勝つことができませんでした。

We <u>failed to</u> win the game.

✓ 重要語 チェック 英単語を覚えましょう。

[PROGRAM 6]

□地域，地方	名area
□太った	形fat
□シチュー	名stew
□シュークリーム	名cream puff
□研究者，調査員	名researcher
□船で行く，船旅をする	動sail
□実際に，実のところ	副actually
□巨大な	形huge
□ある量	名amount
□浮く，浮かぶ	動float
□とても小さい	形tiny
□小区画の海面,小区画	名patch
□全体の，全部の	形whole
□有害な，危険な	形harmful
□水面，表面	名surface
□逃げる	動escape
□人間	名human
□投げる	動throw
□～を含む	動contain
□トン(重量の単位)	名ton
□減らす	動reduce
□集める	動gather
□ギリシャ	名Greece
□企画，計画	名project
□掃除，清掃	名cleanup
□装置，システム	名system
□集める	動collect
□ごみ	名trash

□傷つける	動hurt
□印をつける	動mark
□放送	名broadcasting
□私用の	形private
□許す，認める	動allow
□学期	名term

[Steps 5]

□おの	名ax
□電池	名battery
□毛布	名blanket
□バケツ	名bucket
□ラジオ	名radio
□シャベル，スコップ	名shovel
□日焼け止め剤	名sunscreen
□テント	名tent

[Our Project 8]

□においがする	動smell
□ボールの形をした	形ball-shaped
□特色，特徴	名feature
□growの過去分詞形	動grown
□パーセント	名percent
□用紙	名sheet
□すばらしい，優れた	形excellent
□抑揚,イントネーション	名intonation
□間，休止	名pause
□感情の，感情的な	形emotional
□説明	名explanation
□論理的な	形logical

教 pp.75~90

[Power-Up 4]

□北（の）	名形north	□南（の）	名形south
□西（の）	名形west	□出口	名exit
□東（の）	名形east	□イタリアの	形Italian
		□訓練	名drill

✓ 重要文 チェック 日本語を見て英文が言えるようになりましょう。

[PROGRAM 6]

□これは私が昨日買ったかばんです。	This is the bag **which** I bought yesterday.
□これは私が家で使う辞書です。	This is the dictionary **that [which]** I use at home.
□それは私がこれまでに読んだ中でもっともよい本です。	That is the best book **that** I have ever read.
□私が昨日助けたお年寄りはミキの祖父でした。	The old man **(that)** I helped yesterday was Miki's grandfather.
□彼らは太平洋を越えて旅をしていました。	They were traveling across **the Pacific Ocean**.
□膨大な量のごみが海に浮かんでいました。	**A huge amount of** garbage was floating in the sea.
□この家はあの家の3倍広いです。	This house is three **times as large as** that one.
□鳥たちはしばしば漁網に捕えられます。	Birds often **get caught in** fishing nets.
□ごみを川に捨てないで。	Don't **throw away** your trash into the river.
□睡眠不足は体に悪いと言われています。	**It is said (that)** lack of sleep is bad for your health.

[Steps 5]

| □私はいつでもあなたを心配しています。 | I worry about you **all the time**. |
| □私はあなたに賛成します。 | I **agree with** you. |

[Our Project 8]

| □私はネコもイヌも好きです。 | I like **both** cats **and** dogs. |

13

✓ 重要語 チェック 英単語を覚えましょう。

[PROGRAM 7]

□エーアイ，人工知能	名AI
□敵，敵対者	名enemy
□祖父，祖母	名grandparent
□試験	名exam
□深い	形deep
□knowの過去形	動knew
□ミュージカル	名musical
□券，切符	名ticket
□暖房器具，ヒーター	名heater
□振る	動shake
□電気掃除機	名vacuum cleaner
□掃除機	名cleaner
□形	名shape
□内部に	副inside
□地図	名map
□オンラインの	形online
□提案する，すすめる	動suggest
□水準，段階	名level
□想像する	動imagine
□(コンピュータの)プ	名program
ログラム	
□熟練者，達人	名expert
□選ぶ	動select
□選択肢	名choice
□処理する，整理する	動process
□すぐに，速く	副quickly
□能力	名ability
□機会，チャンス	名chance

□便利な	形convenient
□病気	名disease
□ガン(病名)	名cancer
□手術	名operation
□正しく，正確に	副correctly
□患者	名patient
□気持ち，感情	名feeling
□信じられない	形unbelievable
□ピラミッド	名pyramid
□だれも〜ない	代nobody
□いろいろの，さまざまな	形various

[Special Project]

□spendの過去形	動spent
□意味のある	形meaningful
□親切，思いやり	名kindness
□勝利	名victory

[Word Web 3]

□アーチェリー	名archery
□アーティスティック	名artistic
スイミング	swimming
□車いす	名wheelchair
□ボッチャ	名boccia
□ボクシング	名boxing
□カヌー	名canoe
□馬術	名equestrian
□フェンシング	名fencing
□サッカー	名football
□ゴールボール	名goalball
□ゴルフ	名golf

教pp.91~99, 106~109

□体操	图gymnastics	□射撃	图shooting
□ハンマー投	图hammer throw	□スケートボード(競技名)	图skateboarding
□ハンドボール	图handball	□スポーツクライミング	图sport climbing
□ホッケー	图hockey	□テコンドー	图taekwondo
□近代五種	图modern pentathlon	□トライアスロン	图triathlon
□パワーリフティング	图powerlifting	□三段跳	图triple jump
□新体操	图rhythmic gymnastics	□水球	图water polo
		□ウエイトリフティング	图weightlifting
□ボート(競技名)	图rowing	□オリンピックの	形Olympic
□セーリング	图sailing	□パラリンピックの	形Paralympic
		□運動選手,アスリート	图athlete

☑重要文チェック 日本語を見て英文が言えるようになりましょう。

[PROGRAM 7]

□もし私がイヌだったら，一日じゅう眠るでしょう。
If I were a dog, I would sleep all day.

□もしアミがここにいたら，私を助けるでしょう。
If Ami were here, she would help me.

□もし私がタロウの電話番号を知っていたら，彼に電話できるでしょう。
If I knew Taro's phone number, I could call him.

□私がギターをひけたらなあ。
I wish I could play the guitar.

□ドラえもんが家にいたらなあ。
I wish Doraemon were at home.

□あなたは自分の部屋をきれいに掃除しなければなりません。
You have to clean up your room.

□休憩しましょう。
Let's have a break.

□私は大統領と握手したいです。
I want to shake hands with the president.

□彼女はかぎをさがしています。
She is searching for her key.

□これからは私に知らせてね。
Please let me know from now on.

[Word Web 3]

□私はサッカーに参加したいです。
I'd like to compete in soccer.

15

Reading 2 Malala's Voice for the Future

✓ 重要語 チェック 英単語を覚えましょう。

□解決策	名solution	□ただちに，すぐに	副immediately
□パキスタン人の	形Pakistani	□回復する	動recover
□女子生徒	名schoolgirl	□奇跡的に	副miraculously
□深く	副deeply	□沈黙した，静かな	形silent
□国際連合	名the U.N.	□銃	名gun
□殺し屋，無法者	名gunman	□戦車	名tank
□北の，北部地方の	形northern	□兵士，軍人	名soldier
□パキスタン	名Pakistan	□現実	名reality
□集団，一団	名group	□支配，統制	名control
□自由	名freedom	□効果的な，有効な	形effective
□自由に	副freely	□言い表す，述べる	動express
□隠す	動hide	□意見	名opinion
□ショール，肩かけ	名shawl	□故郷の町	名hometown
□みじめな	形miserable		
□ブログ	名blog		

✓ 重要文 チェック 日本語を見て英文が言えるようになりましょう。

□この仕事はすぐに終えられなければなりません。	This work <u>must</u> <u>be</u> <u>finished</u> soon.
□私たちはその日をマララ・デーと呼びます。	We <u>call</u> the day <u>Malala</u> <u>Day</u>.
□それは先生をとても怒らせました。	That <u>made</u> the teacher <u>very</u> <u>angry</u>.
□私たちにケーキを作らせて。	<u>Let</u> us <u>make</u> a cake.
□彼は会合で率直に意見を述べました。	He <u>spoke</u> <u>out</u> at the meeting.
□それ以来ずっと彼女はイヌを恐れています。	She has been afraid of dogs <u>ever</u> <u>since</u>.

16

✓ **重要語** チェック 英単語を覚えましょう。

□もじり，パロディー	名parody	□聴衆，観客	名audience
□奇抜な，ありそうにもない	形improbable	□科学の，科学的な	形scientific
		□(研究)発表	名presentation
□ばかばかしい	形silly	□次の，下記の	形following
□驚いたことに	副surprisingly	□発見	名discovery
□成功した	形successful	□体を曲げる	動bend
□giveの過去分詞形	動given	□実演，証明	名demonstration
□最近の	形recent	□ユーモラスな，おかしい	形humorous
□過去，昔	名past		
□受賞者	名winner	□増やす，強める	動increase
□ホール	名hall	□好奇心	名curiosity
□満たす	動fill	□スウェーデンの	形Swedish
□その後	副afterwards	□クローナ(貨幣単位)	名krona

✓ **重要文** チェック 日本語を見て英文が言えるようになりましょう。

□私は沖縄の歴史についてすでに多くのことを学びました。

I **have** **already** **learned** a lot about the history of Okinawa.

□私たちは昨年からずっと友だちです。

We**'ve** **been** friends **since** last year.

□彼女は今朝からずっと泣いています。

She **has** **been** **crying** since this morning.

□ユキは一度大阪に行ったことがあります。

Yuki **has** **been** **to** Osaka once.

□彼らはその星について新しい発見をしました。

They **made** **a** new **discovery** about the star.

□最近はより多くの人が環境について考えています。

More people are thinking about the environment **in** **the** **recent** **past**.

□かがむ必要はありません。

You don't have to **bend** **over**.

✓ **重要語** チェック 英単語を覚えましょう。

□貸し出しカウンター	名circulation desk	□顔をしかめる	動scowl
□(複数形で)書架,書庫	名stack	□～の上に	前onto
□図書館員	名librarian	□踏み台	名step stool
□～さん(女性に対する敬称)	名Miss	□つま先,足の指	名toe
□婦人	名lady	□(手足などを)いっぱいにのばす	動stretch
□～のように見える	動seem	□痛い,あいたっ	間ouch
□題名	名title	□優しく,穏やかに	副softly
□閉じている	形closed	□(動物の)足	名paw
□ほえる,ほえ声	動名roar	□悲しそうに鳴く	動whine
□強くたずねる	動demand	□～のほうへ	前toward
□ずんずん歩く	動march	□無視する	動ignore
□厳しい,断固とした	形stern	□meanの過去形	動meant
□引っぱる	動tug	□気づく	動notice
□約束する	動promise	□飛び込む	動burst
□確かに,必ず	副certainly	□正常	名normal
□身動きする	動budge	□(否定文で)～もまた	副either
□mayの過去形	助might	□近所,近隣	名neighborhood
□ほこりを払う	動dust	□低木のしげみ	名bush
□百科事典	名encyclopedia	□裏庭	名backyard
□なめる	動lick	□ごみ入れ	名trash can
□封筒	名envelope	□(子どもが遊ぶ)樹上の家	名tree house
□足	名foot	□一周する,回る	動circle
□footの複数形	名feet	□ガラス	名glass
□心地よい	形comfy	□もし～でなければ	接unless
□背もたれ	名backrest		
□(否定文で)これ以上	副anymore		

教 pp.113〜118

✓ 重要文 チェック 日本語を見て英文が言えるようになりましょう。

□私は次に何をしたらよいかわかりません。

I don't know <u>what to do</u> next.

□いつ出発すればよいかあなたは知っていますか。

Do you know <u>when to start</u>?

□どこへ行ったらよいか私に教えてください。

Please tell me <u>where to go</u>.

□私はピザの作り方を知りたいです。

I want to know <u>how to make</u> pizza.

□あなたはそれを忘れたほうがよい。

You <u>might as well</u> forget it.

□あなたは違う仕事を始めたほうがよいかもしれません。

You <u>might like to</u> begin a different job.

□彼女は私にさようならも言わないで出て行きました。

She went out <u>without saying</u> bye to me.

□私はテレビを見たあとで，ふろに入ります。

I take a bath <u>after watching</u> TV.

□トムは日本食を食べることに慣れましたか。

Did Tom <u>get used to eating</u> Japanese food?

□彼女は正直なように見えます。

She <u>seems</u> honest.

□小さな少女が私のドレスを引っぱりました。

A little girl <u>tugged on</u> my dress.

□もの静かな男性ならこの部屋に入ることが許されるでしょう。

A quiet man <u>would be allowed to</u> enter this room.

□私はただちに彼を送り出さなければなりませんでした。

I had to <u>send</u> him <u>off</u> immediately.

□私は頼まれなくてもそうするつもりです。

I'll do it <u>without being asked</u>.

□私たちは彼が周囲にいるのがうれしいです。

We are glad we <u>have him around</u>.

□私たちは彼らとうまくやっていきます。

We'll <u>get</u> <u>along</u> with them.

□私はうしろから男性に呼びかけました。

I <u>called</u> <u>after</u> a man.

□彼女は私を直視しました。

She <u>looked</u> me <u>right</u> <u>in</u> <u>the</u> <u>eye</u>.

□私はできるだけ速く走りました。

I ran <u>as</u> <u>fast</u> <u>as</u> <u>I</u> <u>could</u>.

□クマは突然茂みに飛び込みました。

The bear suddenly <u>burst</u> <u>into</u> the bush.

□医者を呼びに行ってくれませんか。

Can you <u>go</u> <u>call</u> a doctor?

□彼も私のかぎについて知りませんでした。

He <u>didn't</u> <u>know</u> about my key, <u>either</u>.

□結局，私のかぎは見つかりませんでした。

<u>After</u> <u>all</u>, I couldn't find my key.

□その少年は，外にすわって窓の中を見ていました。

The boy was <u>sitting</u> <u>outside</u>, <u>looking</u> <u>in</u> <u>through</u> the window.

□年老いた婦人は角のところで振り向きました。

The old lady <u>turned</u> <u>around</u> at the corner.

POINT ....

❶ [ask[tell] ～ to ...]

〈ask[tell] ～ to ...〉で「～に…するように頼む[言う]」という意味を表す。

・I asked *my father* to buy me a new bike. ［私は父に新しい自転車を買ってくれるように頼みました。］
　　　〈ask ＋ ～ ＋ to ＋ 動詞の原形〉　※「～」と「動詞の原形」は主語と述語の関係。→「私の父が」「買う」

・Could you ask *him* to call me back? ［私に電話をかけ直してくれるように彼に頼んでいただけ
　　　　　　　　└ 代名詞のときは目的格。　　　　　　　　　　　　　　　　　　　　　ませんか。］

・We told *Mike* to go home. ［私たちはマイクに家に帰るように言いました。］
　　　〈tell ＋ ～ ＋ to ＋ 動詞の原形〉

❷ [want ～ to ...]

〈want ～ to ...〉で「～に…してほしいと思う」という意味を表す。

・I want *you* to eat this chocolate. ［私はあなたにこのチョコレートを食べてほしいと思います。］
　〈want ＋ ～ ＋ to ＋ 動詞の原形〉　※「あなたが」「食べる」の関係。

❸ [It is ～ (for ＋ 人) to ....]

「…するのは～である」はIt is ～ to ....の形で表すことができる。このItは仮の主語で，to ...を指している。

・It is difficult to get up early. ［早起きすることは難しいです。］
　仮の主語　　　　　　　　〈to ＋ 動詞の原形〉「早起きすることは」

〈for ＋ 人〉をto ...の前に置いて「(人)が…するのは～である」と言うことができる。

・It is not easy for *me* to understand Chinese. ［私が中国語を理解することはかんたんでは
　　　　　　　　　└〈for ＋ 人〉「(人)が」「(人)にとって」　　　　　　　　ありません。］

❹ [主語 ＋ be動詞 ＋ 形容詞 ＋ that ～.]

感情を表す形容詞のあとに〈that ＋ 主語 ＋ 動詞～〉を続けて，「…なので～／…して～」とその原因・理由や，「…ということを～」と具体的な内容などを表す。このthatは省略できる。

・I'm glad (that) you like this present. ［私はあなたがこのプレゼントを気に入ってくれて
　感情を表す形容詞　　　　　　└〈that ＋ 主語 ＋ 動詞 ～〉glad「うれしい」理由を表している。　うれしいです。］

・We are surprised (that) Koji won first prize at the contest. ［私たちはコウジがコンクールで
　　　　　　　　　　　└ surprised「驚いた」理由を表している。　　　　　　優勝したので驚いています。］

・I'm sure (that) many people will live with a robot. ［私は多くの人々がロボットといっしょに
　　　　　　└ sure「確信している」内容を表している。　　　　　　　暮らすだろうということを確信しています。］

・I'm afraid (that) I have made a mistake. ［私は間違えていないか心配です。］
　　　　　　└ afraid「心配している，恐れている」具体的な内容を表している。

Step 2 予想問題 : PROGRAM 1 〜 Steps 1

⏱ **30分**
（1ページ15分）

❶ ①〜⑥は単語の意味を書き，⑦〜⑫は日本語を英語にしなさい。　💡ヒント

□① stapler （　　　　） □② spend （　　　　）
□③ stomachache （　　　　） □④ medicine （　　　　）
□⑤ delivery （　　　　） □⑥ publish （　　　　）
□⑦ カラフルな ＿＿＿＿＿＿ □⑧ 独自の ＿＿＿＿＿＿
□⑨ 違った, 異なる ＿＿＿＿＿＿ □⑩ リレー ＿＿＿＿＿＿
□⑪ すばらしい, すてきな ＿＿＿＿＿＿（fで始まる）
□⑫ 正午 ＿＿＿＿＿＿

❷ 次の語で最も強く発音する部分の記号を答えなさい。

□① de-vel-op （　　　） □② jour-nal-ist （　　　）
　　　ア　イ　ウ 　　　　　　ア　イ　ウ

❸ （　）内に入れるのに最も適切な語を，
　ア〜エから選んで，○で囲みなさい。

□① I （　　） a shower every morning.
　　ア make　イ get　ウ go　エ take
□② A: How are you?
　　B: I have a （　　）.
　　ア medicine　イ *bento*　ウ headache　エ suitcase

❹ 日本語に合う英文になるように，＿＿に適切な語を書きなさい。

□① 私にとって速く走るのはかんたんではありません。
　It's not easy ＿＿＿＿＿＿ ＿＿＿＿＿＿ to run fast.
□② 私はあなたが私のかばんを見つけてくれてうれしいです。
　I'm ＿＿＿＿＿＿ that you ＿＿＿＿＿＿ my bag.
□③ 彼は私に窓を開けるように言いました。
　He ＿＿＿＿＿＿ ＿＿＿＿＿＿ ＿＿＿＿＿＿ open the window.
□④ 手伝ってほしいですか。
　Do you ＿＿＿＿＿＿ ＿＿＿＿＿＿ ＿＿＿＿＿＿ help you?

（ヒント欄）

❶
③acheは「痛み」という意味。
⑦colorの形容詞形。
⑩英語では [ríːlei] と発音する。
⑫ afternoon は「午後」。

❸
①「シャワーを浴びる」と言うとき, 動詞は何を使うか。
②AはBに「元気ですか」と聞いている。その答えになるものを選ぶ。

❹
①Itは仮の主語なので日本語には訳されていない。「だれが」走るのかを考える。
②find「見つける」の過去形を使う。
④「あなたは私に手伝ってほしいと思っていますか。」

点UP

❺ 次の＿＿＿に入る適切な語を下から選んで，書きなさい。
ただし，同じ語を2度使うことはできません。

☐ **❶** Turn ＿＿＿＿＿＿＿＿＿ the TV before you go to bed.

☐ **❷** You can use this machine ＿＿＿＿＿＿＿＿＿ this way.

☐ **❸** Please deliver this letter to him ＿＿＿＿＿＿＿＿＿ fail.

☐ **❹** I have been waiting ＿＿＿＿＿＿＿＿＿ you.

☐ **❺** Sam practices tennis ＿＿＿＿＿＿＿＿＿ least two hours a day.

| in | for | without | off | at |

❻ 次の文をほぼ同じ内容の文に書きかえるとき，
＿＿＿に適切な語を書きなさい。

☐ **❶** To go fishing is fun.
＿＿＿＿＿＿＿＿＿ is ＿＿＿＿＿＿＿＿＿ ＿＿＿＿＿＿＿＿＿ go fishing.

☐ **❷** I'm surprised to hear the news.
I'm ＿＿＿＿＿＿＿＿＿ ＿＿＿＿＿＿＿＿＿ I heard the news.

❼ 日本語に合う英文になるように，（　）内の語を並べかえなさい。

☐ **❶** 彼がその会合に参加することは重要ですか。
Is (him / for / it / to / important / join) the meeting?
Is ＿＿＿＿＿＿＿＿＿＿＿＿＿＿＿＿＿＿＿ the meeting?

☐ **❷** 私はあなたが忙しいのではないかと心配です。
(you / afraid / are / I'm / busy / that).
＿＿＿＿＿＿＿＿＿＿＿＿＿＿＿＿＿＿＿.

☐ **❸** 私は彼女に今すぐ買い物に行くように頼みました。
I (her / shopping / to / right / go / asked) now.
I ＿＿＿＿＿＿＿＿＿＿＿＿＿＿＿＿＿＿＿ now.

❽ 次の日本語を英文にしなさい。

☐ **❶** 私はあなたにギターをひいてほしいと思います。
＿＿＿＿＿＿＿＿＿＿＿＿＿＿＿＿＿＿＿

☐ **❷** 私はあなたがよい先生になると確信しています。
＿＿＿＿＿＿＿＿＿＿＿＿＿＿＿＿＿＿＿

💡ヒント

❺
❶「（テレビを）消す」

turn on ～
「（テレビなどを）つける」

❷「このようにして」
❸「必ず，間違いなく」
❺「少なくとも」

❻
❶ 名詞 fun は It is ～ to ....の文でよく使われる。
❷「私はその知らせを聞いて驚いています。」

❼ **✕ミスに注意**
❶〈for＋人〉をどこに置くかに注意する。
❷ 心配している内容を〈that＋主語＋動詞～〉で表す。
❸「～に…するように頼む」は ask ～ to ...の語順。

❽
❶「～に…してほしいと思う」は want ～ to ...で表す。
❷「～と確信している」は sure (that) ～を使う。

Step 3 予想テスト **PROGRAM 1 ～ Steps 1** /100点

30分 目標 80点

❶ 日本語に合う英文になるように，＿＿に適切な語を書きなさい。 技　18点(各完答6点)

❶ 彼女がこの本を読むことは難しかったです。

It was ＿＿＿ ＿＿＿ ＿＿＿ to read this book.

❷ 母は私に台所を掃除するように言いました。

My mother ＿＿＿ ＿＿＿ ＿＿＿ clean the kitchen.

❸ 私は彼らがパーティーに来ることを確信しています。

＿＿＿ ＿＿＿ they ＿＿＿ come to the party.

❷ 日本語に合う英文になるように，（　）内の語を並べかえなさい。 技　18点(各6点)

❶ 父は私にいつも，野菜を食べるように言います。

My father (eat / to / tells / me / always) vegetables.

❷ あなたがピアノをひいたので，私は驚きました。

I (played / the / surprised / was / you) piano.

❸ 私たちはリサに私たちのために英語の本を読んでほしいと思います。

We (Lisa / English / want / read / to) books for us.

❸ 次の対話文の（　）に入る最も適切な文を選んで，記号で答えなさい。 技　10点(各5点)

❶ *Boy*: (　　)

Girl: Why don't you go to a hospital soon?

ア I'm fine.　　イ I feel hungry.　　ウ I have a fever.　　エ I have to do it.

❷ *Woman*: You look tired.

Man: I feel chilly. (　　)

ア I'll call right now.　　イ Go to the hospital.

ウ How about you?　　エ Bring some medicine.

❹ 次の対話文を読んで，あとの問いに答えなさい。 技　26点

Mao: *Bentos* are not only home-made. Have you heard (　①　) an *ekiben*?

Bill: No. What is it?

Mao: ②It's a *bento* (stations / at / available / train).

Bill: I see. What's special about *ekibens*?

Mao: They have local food, such as Kobe beef and oysters from Hiroshima.
I've heard there are more than 2,000 kinds of *ekibens* in Japan.

Bill: ③That many? Someday I want to travel around Japan by train and
try many *ekibens*!

Mao:　Sounds fantastic.　④It's fun to find your favorite *ekiben* on a trip.

❶ ①の（　）に適切な語を書きなさい。 (5点)

❷ 下線部②の（　）内の語を正しく並べかえて，意味の通る文にしなさい。 (7点)

❸ 下線部③でビルは何について，このように言いましたか。日本語で答えなさい。 (7点)

❹ 下線部④を日本語にしなさい。 (7点)

❺ **次の文を，指示に従って英語で書きなさい。** 表 28点(各7点)

❶ あなたにとって，するのがかんたんなスポーツを表す文。(It is ～ to ....の文で)

❷ あなたにとって，勉強するのが重要な科目を表す文。(It is ～ to ....の文で)

❸ あなたが家族のだれかに買ってもらいたいと思っているものを表す文。(I wantで始める)

❹ クラスの友だちに「あなたに会えてうれしい」と伝える文。(I'm glad thatで始める)

❶	❶		
	❷		
	❸		
❷	❶ My father		vegetables.
	❷ I		piano.
	❸ We		books for us.
❸	❶	❷	
❹	❶	❷	
	❸		
	❹		
❺	❶		
	❷		
	❸		
	❹		

Step 1 **基本チェック** **PROGRAM 2 ～ Power-Up 1** ⏱ 5分

■ 赤シートを使って答えよう！

❶ [〈who など＋主語＋動詞〉を含む文]

解答欄

[　]から適切な語句を選ぼう。

☐ ❶ I know what [is this / this is].

☐ ❷ I know who [made this cake / this cake made].

☐ ❸ He didn't know what [did you buy / you bought].

☐ ❹ Can you tell her where [you live / do you live]?

❶
❷
❸
❹

❷ [主語＋動詞[tell など]＋人など＋that ～.]

[　]に適切な語を入れよう。

☐ ❶ 私がその仕事ができることをあなたに示しましょう。

I'll show [you][that] I can do the work.

☐ ❷ 兄は私にパーティーに来るつもりだと言いました。

My brother [told] me [that] he would come to the party.

❶
❷

POINT ···

❶ [〈who など＋主語＋動詞〉を含む文]

疑問詞で始まる文が，ほかの文のあとにくるときは，〈疑問詞＋主語＋動詞〉の語順になる。

Who is that boy?　I don't know.

動詞

・I don't know who that boy is. [私はあの少年がだれか知りません。]
〈疑問詞＋主語＋動詞〉

Where does she live?　Please tell me.

〈動詞＋人〉　　　　　do, does, did はとる。

・Please tell me where　　　she lives. [彼女がどこに住んでいるのか私に教えてください。]
〈疑問詞＋主語＋動詞〉　　動詞は，主語や時に合わせて -(e)s をつけた形や過去形などにする。

ただし，疑問詞が主語の場合は〈疑問詞＋動詞〉の語順。

・We know who can answer the question. [私たちはだれがその質問に答えられるか知っています。]
〈疑問詞＋動詞〉

❷ [主語＋動詞[tell など]＋人など＋that ～.]

tell や show などの動詞は，〈人など〉のあとに，〈that＋主語＋動詞～〉を続けることができる。
この that は「～ということ」という意味の接続詞で，省略できる。

・I'll show you (that) this is not true. [私はあなたにこれが真実でないということを示しましょう。]
〈人〉〈that＋主語＋動詞～〉

Step 2 予想問題 **PROGRAM 2 ～ Power-Up 1**

45分
(1ページ15分)

❶ ❶～❻は単語の意味を書き，❼～⓬は日本語を英語にしなさい。

□❶ bamboo （　　　　　）　　□❷ tonight （　　　　　）

□❸ brain （　　　　　）　　□❹ affect （　　　　　）

□❺ improve （　　　　　）　　□❻ lack （　　　　　）

□❼ 光っている _____　　□❽ 結果 _____

□❾ 習慣 _____　　□❿ エネルギー _____

□⓫ (時間の)分 _____　　□⓬ 標識, 表示 _____

💡ヒント

❶ ❌ ミスに注意

❹effect「効果」とつづりが似ているので注意。

❿英語の発音は[énərdʒi]。アクセントの位置に注意。

❷ 次の各組の下線部の発音が同じなら〇，異なれば×を書きなさい。

□❶ walker （　　） 　 □❷ tight （　　）
　 lack 　　　　　　　 library

□❸ lose （　　）
　 body

❸ （　）内に入れるのに最も適切な語を，
ア～エから選んで，〇で囲みなさい。

□❶ I'll go to bed at nine （　　）.

　ア night　イ morning　ウ tonight　エ sleep

□❷ I cannot see anything! The TV （　　） is black.

　ア problem　イ screen　ウ tower　エ camera

□❸ *A*: Did you sleep well last night?

　B: Yes. I fell （　　） easily.

　ア sleep　イ nap　ウ asleep　エ bath

❸

❷「何も見えません！テレビの〇〇が真っ黒です」と言っている。

❸「昨夜はよく眠りましたか」という質問に対して答えている。asleep は sleep の形容詞形。

❹ 日本語に合う英文になるように，____ に適切な語を書きなさい。

□❶ 彼女にはわかりません。

　She has _____.

□❷ あなたは食べ過ぎるべきではない。

　You _____ too much.

□❸ あなたは昨夜，十分に長く眠りましたか。

　Did you sleep _____ last night?

❹

❶「わからない」は「考え」が「ない」と考える。

❷「～すべきである」は should。その否定形を使う。空所の数から短縮形にする。

❸「十分に」「長く」の語順に注意。

点UP

❺ 次の＿＿に入る適切な語を下から選んで，書きなさい。
ただし，同じ語を２度使うことはできません。

☐❶ The box is full ＿＿＿＿＿ chocolate.

☐❷ He was hungry even ＿＿＿＿＿ he ate a lot.

☐❸ It is difficult to make up ＿＿＿＿＿ time.

☐❹ ＿＿＿＿＿ a result, I couldn't buy it.

| as | for | of | though |

❻ 次の文を（　）内の語句に続く文に書きかえるとき，
＿＿に適切な語を書きなさい。

☐❶ When is your birthday? (I don't know)
I don't know when ＿＿＿＿＿ ＿＿＿＿＿
＿＿＿＿＿.

☐❷ How many brothers do you have? (He remembers)
He remembers how many brothers ＿＿＿＿＿
＿＿＿＿＿.

☐❸ What did she buy? (We didn't know)
We didn't know ＿＿＿＿＿ she ＿＿＿＿＿.

☐❹ You can dance. (Show us)
Show us ＿＿＿＿＿ ＿＿＿＿＿ ＿＿＿＿＿.

☐❺ He will visit my family. (Mike told me)
Mike told me ＿＿＿＿＿ ＿＿＿＿＿ ＿＿＿＿＿
my family.

❼ （　）内の指示に従って，次の質問に英語で答えなさい。

☐❶ How long do you usually sleep at night?
(自分の立場で５語以上で答える)
＿＿＿＿＿＿＿＿＿＿＿＿＿＿＿＿＿＿＿＿

☐❷ Have you ever felt sleepy in the morning?
(Yesを使って３語で答える)
＿＿＿＿＿＿＿＿＿＿＿＿＿＿＿＿＿＿＿＿

☐❸ 〈電話で〉May I speak to Sho?　(「彼は今外出中です」と答える)
＿＿＿＿＿＿＿＿＿＿＿＿＿＿＿＿＿＿＿＿

☐❹ 〈電話で〉Can I take a message?　(「はい，お願いします」と答える)
＿＿＿＿＿＿＿＿＿＿＿＿＿＿＿＿＿＿＿＿

点UP

🔅ヒント

❺
❶「～でいっぱいである」
❷「たとえ～ではあっても」
❸「～を補う」
❹「その結果として」

❻ ❌|ミスに注意
❶疑問詞のあとの語順に注意。
❷❸do, does, didは,文の中に入ると使われない。
❹❺that は省略されている。
❺toldと過去形になっているので，will も過去形に。

❼
❶How long ～?は「どのくらい長く～」とたずねる表現。
❷Have you ～?の疑問文には have を使って答える。
❸「外へ（出て）」という意味のout を使う。
❹２語で答える。

💡ヒント

8 次の英文を日本語にしなさい。

☐ ❶ I want to know what sport you like.

(　　　　　　　　　　　　　　　　　　　　　　)

☐ ❷ We don't know what time you're going to leave.

(　　　　　　　　　　　　　　　　　　　　　　)

☐ ❸ She will tell you where the bank is.

(　　　　　　　　　　　　　　　　　　　　　　)

☐ ❹ I'll show you the news is wrong.

(　　　　　　　　　　　　　　　　　　　　　　)

❽
❷be going to ～は,
予定していることを
表す時に用いる。
❹ここでは show は
「示す」という意味。

9 日本語に合う英文になるように,（　）内の語を並べかえなさい。

☐ ❶ 彼はこれが何か知っています。

(what / is / knows / this / he).

_____ .

☐ ❷ 私はリサがどうやってそこへ行ったのか知りません。

(Lisa / there / know / don't / how / I / went).

_____ .

☐ ❸ 私は彼がだれなのか覚えています。

(who / I / is / remember / he).

_____ .

☐ ❹ あなたは私が何を好きなのか知っていますか。

(what / I / you / like / know / do)?

_____ ?

❾ ❌ミスに注意
❶「これは何ですか。」
は What is this?。
文の中に入ると, 語
順が変わるので注意
する。
❸「彼はだれですか。」
は Who is he?。語
順に注意する。

10 次の日本語を英文にしなさい。

☐ ❶ あなたは彼がそこで何をしていたのか知っていますか。

_____

☐ ❷ あなたがどこでこのネコを見つけたのか私に教えてください。

_____

☐ ❸ 父は私に友だちは大切だと言います。

_____

❿
❶「彼がそこで何をし
ていたのか」は過去
進行形で表す。
❷「～を私に教えてく
ださい」は Please
tell me ～.で表す。
「見つけた」は find
を過去形にする。
❸「友だちは大切だ」は
Friends are
important.と表せる。

PROGRAM 2 ～ Power-Up 1

Step 3 予想テスト **PROGRAM 2 ～ Power-Up 1** 30分 ／100点 目標80点

❶ 日本語に合う英文になるように，＿＿に適切な語を書きなさい。 技 18点（各完答6点）

❶ 私は彼がどこでテニスをするのか知っています。

I know ＿＿＿ ＿＿＿ ＿＿＿ tennis.

❷ 私たちは彼女がいつここに来るつもりなのか知りません。

We don't know when ＿＿＿ ＿＿＿ ＿＿＿ here.

❸ 私は彼がそのとき何を読んでいたのか覚えています。

I remember what ＿＿＿ ＿＿＿ ＿＿＿ then.

❷ 日本語に合う英文になるように，（ ）内の語を並べかえなさい。 技 18点（各6点）

❶ これはよい薬であることを私に示してください。

Please (me / is / show / good / this) medicine.

❷ 私はなぜパットが野球を好きなのか知りません。

I don't know (baseball / likes / why / Pat).

❸ 母はいつも，時間は大切だと私たちに言います。

My mother (us / always / tells / time / important / is).

❸ 次の対話文の（ ）に入る最も適切な文を選んで，記号で答えなさい。 技 12点（各6点）

❶ *Bob*: Where is Mom?

Bob's sister: (　　)

ア Yes, we can.　　イ You can do it!　　ウ Over there.　　エ Here you are.

❷ *Girl*: Do you know where my racket is?

Boy: No. (　　)

ア Did you find it?　　イ This is yours.

ウ I bought it today.　　エ Did you lose it?

❹ 次の英文を読んで，あとの問いに答えなさい。 技 31点

　　Do you use your smartphones for a long time ①before (　) (　) (　)? If you look at the bright screen at night, your brain will believe it is daytime. ②As a result, you cannot fall asleep easily. To get a good sleep, you should change this habit.

　　③People have started (see / good / improves / sleep / to / how) our work. Some companies have introduced a short nap time early in the afternoon. ④The results tell us that people can work better after a nap. But you shouldn't sleep too long!

❶ 下線部①が「寝る前に」という意味になるように, ( )に適切な語を書きなさい。　(6点)

❷ 下線部②のようになるのはなぜですか。日本語で答えなさい。　(6点)

❸ 下線部③の( )内の語を正しく並べかえて, 意味の通る文にしなさい。　(6点)

❹ 下線部④を日本語にしなさい。　(6点)

❺ 次の質問に英語で答えなさい。　(7点)

What have some companies introduced?

❺ 次のような場合, 英語でどのように言うかを書きなさい。表　21点(各7点)

❶ ミナミ駅(Minami Station)までの行き方をたずねる場合。(Could, tellを使って)

❷ ここからおよそ１時間かかると教える場合。(will, takeを使って)

❸ キタ駅(Kita Station)で電車を乗りかえるように言う場合。(trainsを使って)

❶	❶		
	❷		
	❸		
❷	❶ Please		medicine.
	❷ I don't know		.
	❸ My mother		.
❸	❶	❷	
❹	❶		
	❷		
	❸		
	❹		
	❺		
❺	❶		
	❷		
	❸		

PROGRAM 3 〜 Power-Up 2 10分

■ 赤シートを使って答えよう!

❶ [〜を…と呼ぶ[名づける]]　[　]に適切な語を入れよう。

解答欄

□❶ 私たちはそのネコをミケと呼びます。

We [call] the [cat] Mike.

❶

□❷ 私たちはそのイヌをシロと名づけました。

We [named] the [dog] Shiro.

❷

❷ [〜を…(の状態)にする]　[　]に適切な語を入れよう。

□❶ ミキのことばは彼を怒らせました。

Miki's word [made][him] angry.

❶

□❷ あなたは自分の手をきれいにしておかなければなりません。

You have to [keep] your hands [clean].

❷

□❸ 窓を開けたままにしてはいけません。

Don't [leave] the window [open].

❸

❸ [〜が…するのを許す，〜に…させてやる]

[　]に適切な語を入れよう。

□❶ 彼は自分のラケットを私に使わせてくれました。

He [let][me] use his racket.

❶

□❷ 彼女の誕生日を私に知らせてください。

[Let][me] know her birthday.

❷

❹ [〜に…させる]　[　]に適切な語を入れよう。

□❶ 母は私に部屋を掃除させました。

My mother [made][me] clean the room.

❶

□❷ そのお笑い芸人はいつも，私たちを笑わせます。

The comedian always [makes] us [laugh].

❷

❺ [〜が…するのを手伝う]　[　]に適切な語を入れよう。

□❶ 私は父が車を洗うのを手伝いました。

I [helped] my father [wash] his car.

❶

□❷ 私たちはあなたがロボットを作るのを手伝います。

We will [help] you [make] a robot.

❷

POINT

❶［〜を…と呼ぶ［名づける］］

〈call［name］+〜（人など）+ …（名詞）〉の形で「〜を…と呼ぶ［名づける］」の意味を表す。

・We call *the dog* Pochi. ［私たちはそのイヌをポチと呼びます。］
　　　　　人など　　名詞　　※「そのイヌ」＝「ポチ」という関係。

・We named *the cat* Tama. ［私たちはそのネコをタマと名づけました。］
　　　　　人など　　名詞　　※「そのネコ」＝「タマ」という関係。

❷［〜を…（の状態）にする］

〈make +〜（人など）+ …（形容詞）〉の形で「〜を…（の状態）にする」の意味を表す。

・Miki's letters always make *me* happy. ［ミキの手紙はいつも私を幸せにします。］
　　　　　　　　　　　　　　形容詞　　※「私」＝「幸せな」の関係。

この形の文では，keepやleaveなどの動詞も使える。〈keep 〜 …〉で「〜を…（の状態）にしておく」，〈leave 〜 …〉で「〜を…のままにしておく」。

・You have to keep *your room* clean. ［あなたは部屋をきれいにしておかなければなりません。］
　　　　　　　　　　　　　　　形容詞　　※「あなたの部屋」＝「きれいな」の関係。

・Don't leave *the door* open. ［ドアを開けたままにしておいてはいけません。］
　　　　　　　　　　　　形容詞　　※「そのドア」＝「開いている」の関係。

❸［〜が…するのを許す，〜に…させてやる］

〈let + 人など + 動詞の原形〉の形を使う。このletは「〜させてやる」という許可の意味合いがある。
　　　　　　┌このletは過去形。letの活用はlet-let-let

・Shinji let *me* use his computer. ［シンジは私に彼のコンピュータを使わせてくれました。］
　　　　　　人 動詞の原形　　※「私が」「使う」のように，主語と述語の関係。

・Let *me* know your phone number. ［あなたの電話番号を私に知らせてください。］
　　　人 動詞の原形

❹［〜に…させる］

〈make + 人など + 動詞の原形〉の形を使う。このmakeは「（強制的に）〜させる」という意味を表す。

・My mother made *me* drink milk. ［母は私に牛乳を飲ませました。］
　　　　　　　　　人 動詞の原形　※「私が」「飲む」の関係。

❺［〜が…するのを手伝う］

〈help + 人など + 動詞の原形〉の形を使う。

・I helped *my father* wash the dishes. ［私は父が皿を洗うのを手伝いました。］
　　　　　　　人　　　動詞の原形　※「父が」「洗う」の関係。

PROGRAM 3 〜 Power-Up 2

15

Step 2 予想問題　**PROGRAM 3 〜 Power-Up 2**

30分
(1ページ15分)

❶ ❶〜❻は単語の意味を書き, ❼〜⓬は日本語を英語にしなさい。

□❶ island　（　　　　　）　　□❷ receipt　（　　　　　）

□❸ ocean　（　　　　　）　　□❹ laugh　（　　　　　）

□❺ wind　（　　　　　）　　□❻ painting　（　　　　　）

□❼ 生き延びる ＿＿＿＿＿　□❽ 力　＿＿＿＿＿＿＿

□❾ 幸運 ＿＿＿＿＿＿　□❿ 船, ボート ＿＿＿＿＿

□⓫ トーナメント, 勝ち抜き試合 ＿＿＿＿＿＿＿＿

□⓬ ファッション, 流行 ＿＿＿＿＿＿＿＿

❷ 次の語で最も強く発音する部分の記号を答えなさい。

□❶ dam-age　（　　　）　　□❷ com-fort-able　（　　　）
　　 ア　イ　　　　　　　　　　　　 ア　イ　ウ

❸ 日本語に合う英文になるように, ＿＿ に適切な語を書きなさい。

□❶ 野球の試合を見るとき, 私は興奮します。

I get ＿＿＿＿＿＿ when I watch baseball games.

□❷ 私は北海道で生まれました。

I ＿＿＿＿＿＿ ＿＿＿＿＿＿ in Hokkaido.

□❸ あなたは今すぐ休むべきです。

You ＿＿＿＿＿＿ get ＿＿＿＿＿＿ right now.

❹ 次の ＿＿ に入る適切な語を下から選んで, 書きなさい。
ただし, 同じ語を2度使うことはできません。

□❶ He exchanged the lens ＿＿＿＿＿＿ a new one.

□❷ We will hand ＿＿＿＿＿＿ the report tomorrow.

□❸ Mt. Fuji is the highest mountain in Japan ＿＿＿＿＿＿ you know.

□❹ You have to dress ＿＿＿＿＿＿ when you go to a party.

□❺ Summer vacation is just ＿＿＿＿＿＿ the corner.

in	up	for	around	as

点UP

ヒント

❶
❶sは発音しないので注意。

❸seaもほぼ同じ意味。seaよりも範囲が広い。

❻pictureもほぼ同じ意味。

❸
❶〈get + 形容詞〉で「(ある状態)になる」という意味。このgetはbecome「〜になる」とほぼ同意。

❹
❶「〜を…に交換する」
❷「〜を提出する」
❸「ご存じのように」
❹「着飾る」
❺「間近に, 近づいて」

💡ヒント

❺ 次の英文を日本語にしなさい。

□❶ I will help you carry the boxes.
（　　　　　　　　　　　　　　　　　）

□❷ The game made softball more popular in the world.
（　　　　　　　　　　　　　　　　　）

□❸ Do you call it *pasokon* in Japan?
（　　　　　　　　　　　　　　　　　）

□❹ I like not only music but also sports.
（　　　　　　　　　　　　　　　　　）

❺
❶〈help ＋ 人 な ど ＋ 動詞 の 原 形 〉 の 形。 you と carry が 主 語 と 述語 の 関係 に なる。
❷〈make ＋ 人 な ど ＋ 形容詞〉の形。ここ では，形容詞 が 比較 級 に なっている。

❻ 日本語に合う英文になるように，（　）内の語を並べかえなさい。

□❶ 私はいつも彼女をメグと呼びます。
(always / Meg / I / her / call).
_____.

□❷ 彼は私を 1 時間待たせました。
(for / me / made / one / he / wait) hour.
_____ hour.

□❸ 彼女の趣味を私に知らせてください。
(me / know / her / let / hobby).
_____.

□❹ 私たちは赤ちゃんをマユと名づけました。
(our / we / Mayu / baby / named).
_____.

❻ ✕ ミスに注意
❶always, usually な ど 頻度 を 表す 副詞 は ふつう，be 動詞 の あと，一般動詞 の 前 に 置く。
❸〈let ＋ 人 な ど ＋ 動詞 の 原形 〉「〜が…す るのを許す，〜に… させてやる」の形の 命令文。
❹〈name ＋ 人 な ど ＋ 名詞 〉 の 形。 name に は，「〜に名前を つける」という動詞 の 意味 が ある。

❼ 次の日本語を英文にしなさい。

□❶ 母は私がそのコンサートに行くのを許してくれました。
_____

□❷ 私たちはたいてい，彼をアレックス(Alex)と呼びます。
_____

□❸ 彼の手紙は彼女たちを悲しくさせます。
_____

❼
❶「〜するのを許す」は let を使う。let は過 去形も過去分詞形も let。
❷「たいてい」は頻度を 表す副詞。
❸「〜させる」はmake を使う。「悲しい」は 形容詞sad。

PROGRAM 3 〜 Power-Up 2

Step 3 予想テスト **PROGRAM 3 〜 Power-Up 2** 30分 目標80点 /100点

❶ 日本語に合う英文になるように，____に適切な語を書きなさい。 技 　18点（各完答6点）

① あなたたちはその部屋をきれいにしておかなければなりません。

You have _____ _____ the room _____.

② サッカーを練習することは，いつも私を疲れさせます。

Practicing soccer _____ _____ _____ tired.

③ 英語でエアコンを何と呼びますか。

_____ do you _____ *eakon* _____ English?

❷ 日本語に合う英文になるように，（　）内の語句を並べかえなさい。 技 　18点（各6点）

① 窓を開けたままにしておいてはいけません。

You must (window / not / open / leave / the).

② 私はあなたがその手紙を書くのを手伝います。（ help / letter / you / the / write / I'll ）.

③ あなたは日本の言語だけでなく文化も学ぶことができます。

You can (but / Japanese language / also / not / learn / only) its culture.

❸ 次の対話文の（　）に入る最も適切な文を選んで，記号で答えなさい。 技 　8点（各4点）

① *Salesclerk*: (　　)

　Woman: I'm looking for a T-shirt.

ア What's up?　　イ May I help you?　　ウ Let's go.　　エ How are you?

② 〈電話での会話〉

　Man: May I speak to Mr. Mori, please?

Woman: (　　)

ア Just a minute, please.　　イ Yes, he is out now.　　ウ Why?　　エ How about you?

❹ 次の英文を読んで，あとの問いに答えなさい。 技 　28点

　Basketball was invented by a P.E. teacher in Massachusetts in 1891. During the cold winters, the students couldn't enjoy sports outside. He created a new indoor sport for them. They used peach baskets as goals, so ①(named / sport / the / basketball / they).

　②(　　)(　　), a Japanese student played in the first basketball game. The student also ③(draw) a picture of this game. The P.E. teacher used it in the report to introduce basketball. ④This report made the sport famous in the U.S.

❶ 下線部①の（　）内の語を正しく並べかえて，意味の通る文にしなさい。　(6点)

❷ 下線部②が「実際は」という意味になるように，（　）に適切な語を書きなさい。　(5点)

❸ 下線部③の（　）内の語を適切な形にして書きなさい。　(5点)

❹ 下線部④を日本語にしなさい。　(6点)

❺ 次の質問に英語で答えなさい。　What did the P.E. teacher do for the students?　(6点)

❺ 次の文を，指示に従って英語で書きなさい。表　28点（各7点）

❶ 初対面の人に「私を〜（名前）と呼んでください」と伝える文。

❷「〜が私を幸せにしてくれます」という文。

❸ となりの席の友だちに「私にあなたの〜を使わせて」と言う文。（Letで始める）

❹ 家や学校でのできごとについて「私は〜が…するのを手伝いました」という文。

PROGRAM 3 〜 Power-Up 2

❶	❶		
	❷		
	❸		
❷	❶ You must		.
	❷		.
	❸ You can		its culture.
❸	❶	❷	
❹	❶		
	❷	❸	
	❹		
	❺		
❺	❶		
	❷		
	❸		
	❹		

Step 1 **基本チェック** : **Reading 1**

10分

赤シートを使って答えよう！

❶ [不定詞(名詞的用法)] 〔 〕に適切な語を入れよう。

解答欄

☐❶ 音楽を聞くことは楽しいです。

[To] [listen] to music is fun.

❶ _____

☐❷ 彼の趣味はピアノをひくことです。

His hobby is [to] [play] the piano.

❷ _____

☐❸ 彼らはサッカーをするのが好きです。

They like [to] [play] soccer.

❸ _____

❷ [不定詞(副詞的用法)] 〔 〕に適切な語を入れよう。

☐❶ 彼は英語を勉強するためにカナダへ行きました。

He went to Canada [to] [study] English.

❶ _____

☐❷ 私はその知らせを知ってうれしいです。

I'm happy [to] [know] the news.

❷ _____

❸ [不定詞(形容詞的用法)] 〔 〕に適切な語を入れよう。

☐❶ 私に何か飲み物をください。

Please give me something [to] [drink].

❶ _____

☐❷ 私は今日，するべき宿題がたくさんあります。

I have a lot of homework [to] [do] today.

❷ _____

❹ [so+形容詞+that+主語+動詞 …] 〔 〕に適切な語を入れよう。

☐❶ その歌はあまりに人気があるので，多くの人々が知っています。

The song is [so] popular [that] many people know it.

❶ _____

☐❷ 彼女はあまりに忙しくて彼に会うことができませんでした。

She was [so] busy that she [couldn't] see him.

❷ _____

❺ [too+形容詞(for+人)to+動詞の原形 …] 〔 〕に適切な語を入れよう。

☐❶ 私はあまりにも疲れていて勉強することができません。

I'm [too] tired [to] study.

❶ _____

☐❷ あまりにも暑くて彼は外を歩くことができません。

It's too [hot] for [him] to walk outside.

❷ _____

☐❸ 彼女はあまりにも忙しくて彼に会うことができませんでした。

She was [too] busy [to] see him. (**❹-❷**の書きかえ)

❸ _____

POINT

❶ ［不定詞（名詞的用法）］

「〜すること」の意味で，名詞の働きをする。主語や目的語などになる。

・He wants to live in New York.　［彼はニューヨークに住みたいと思っています。］
　　　　　動詞　　目的語「ニューヨークに住むこと」

・To take pictures is interesting.　［写真をとることはおもしろいです。］
　主語「写真をとること」

❷ ［不定詞（副詞的用法）］

「〜するために」の意味で，動作の目的を表す。

・I went to the park to play baseball.　［私は野球をするために公園に行きました。］
　　　「行った」目的　　　　　「野球をするために」

「〜して」の意味で，感情の原因を表す。〈感情を表す形容詞＋to＋動詞の原形〉の形になる。

・I'm sad to hear the news.　［私はその知らせを聞いて悲しいです。］
　　　形容詞　「その知らせを聞いて」←「悲しい」原因

❸ ［不定詞（形容詞的用法）］

「〜する（ための）…」の意味で，前の（代）名詞を説明する。

・Kate has many books to read.　［ケイトには読む本がたくさんあります。］
　　　　　　　　　　　　「読む（ための）本」　※訳すときは自然な日本語になるように工夫する。

❹ ［so＋形容詞＋that＋主語＋動詞 …］

「あまりに〜なので…」という意味を表す。

・He was so smart that he solved the problem.
　　　　　　形容詞　　　主語　動詞　　　　［彼はあまりにかしこかったので，その問題を解きました。］

that以下の中にcan't［cannot］が使われると「あまりに〜なので（―は）…できない」という意味になる。

・The problem was so difficult that I couldn't solve it.　［その問題はあまりに難しかったので，
　　　　　　　　　　形容詞　　　主語　　　　動詞　　　　　　私は解くことができませんでした。］

❺ ［too＋形容詞（for＋人）to＋動詞の原形 …］

〈too＋形容詞＋to＋動詞の原形 …〉で「あまりにも〜すぎて…できない」という意味を表す。

〈to＋動詞の原形〉の動作をする人を表すときはto …の前に〈for＋人〉を置く。

・The problem was too difficult for me to solve.　［その問題はあまりにも難しくて，
　　　　　　　　　　形容詞　　　〈to＋動詞の原形〉　　　私は解くことができませんでした。］

※〈too 〜 to …〉は〈so 〜 that＋主語＋can't［couldn't］…〉の文に書きかえることができる。

　I'm too busy to clean the room.

＝I'm so busy that I can't clean the room.　［私はあまりにも忙しくて部屋を掃除することが
　　　　　　　　　　　　　　　　　　　　　　　　　　　　　　　　できません。］

21

Step 3 予想テスト : **Reading 1**

 30分 ／100点 目標 80点

❶ **日本語に合う英文になるように，____に適切な語を書きなさい。** 技 15点（各完答5点）

❶ 少しずつ天気が悪化しつつあります。

Little _____ little the weather is _____ _____.

❷ そのイヌは床に横たわりました。

The dog _____ _____ _____ the floor.

❸ 彼は私に歩いて帰るように命令しました。

He _____ _____ _____ walk home.

❷ **日本語に合う英文になるように，（　）内の語句を並べかえなさい。** 技 20点（各5点）

❶ 3日間雨が降り続けました。（ continued / three / it / raining / for) days.

❷ 彼女は涙ながらにその物語を語りました。（ told / tears / the story / she / with).

❸ そのネコは安らかに眠っていました。（ sleeping / the cat / peace / was / in).

❹ 男性はもはや歩けませんでした。（ walk / longer / could / the man / no).

❸ **各組の文がほぼ同じ内容になるように，____に適切な語を書きなさい。** 技 15点（各完答5点）

❶ It was so cold that I couldn't swim.

It was _____ cold for me _____ swim.

❷ He will save the animals.

The animals will _____ _____ by him.

❸ What must we do now?

What do we _____ _____ do now?

❹ **次の英文を読んで，あとの問いに答えなさい。** 技 34点

　　Soon, it was time to kill the three elephants.　The zookeepers did not want ①(　　)(　　) them, but they had to follow the order.　They started with John.

　　John loved potatoes, so they gave him poisoned potatoes together with good ②ones.　But John was so clever that he ate only the good potatoes. ③Then they (an injection / tried / give / to / him). ④But John's skin was too hard for the needles to go through.

　　Finally, they decided to stop giving him any food.　Poor John died in seventeen days.

Yukio Tsuchiya (Translated by Tomoko Tsuchiya Dykes) : *FAITHFUL ELEPHANTS A True Story of Animals, People and War*
Houghton Mifflin Company

① 下線部①の(　)に適切な語を書きなさい。 (5点)

② 下線部②が指す内容を，本文中から英語で抜き出しなさい。 (5点)

③ 下線部③の(　)内の語句を正しく並べかえて，意味の通る文にしなさい。 (6点)

④ 下線部④を日本語にしなさい。 (6点)

⑤ 次の質問に英語で答えなさい。 12点(各6点)

　ア Why did John eat only the good potatoes?

　イ What did the zookeepers decide to do finally?

⑤ 次のような場合，英語でどのように言うか書きなさい。 表 16点(各8点)

① 「あなたに会えてうれしい」と相手に伝える場合。(to を使って)

② 「あまりにも忙しくてあなたを手伝うことができない」と相手に伝える場合。(too 〜 to … を使って)

Reading 1

❶	❶			
	❷			
	❸			
❷	❶			days.
	❷			.
	❸			.
	❹			.
❸	❶		❷	
	❸			
❹	❶		❷	
	❸			
	❹			
	❺ ア			
	イ			
❺	❶			
	❷			

Step 1 基本チェック PROGRAM 4 〜 Steps 3

⏱ 5分

■ 赤シートを使って答えよう!

❶ [現在分詞の後置修飾] [　]に適切な語を入れよう。

解答欄

☐ ❶ いっしょにサッカーをしている子どもたちを見てください。

Look at the children [playing] soccer together.

☐ ❷ 屋根の上を歩いているネコは私のです。

The cat [walking] on the roof is mine.

❶ _____

❷ _____

❷ [過去分詞の後置修飾] [　]に適切な語を入れよう。

☐ ❶ 私はアメリカ製の車が好きです。

I like the car [made] in the U.S.

☐ ❷ あれは1397年に足利義満によって建てられた寺です。

That's the temple [built] by Ashikaga Yoshimitsu in 1397.

❶ _____

❷ _____

POINT

❶ [現在分詞の後置修飾]

「〜している…」と, 名詞(＝人やものを表す語)について説明を加えるときは, 現在分詞(動詞の-ing形)で始まる語句を名詞のあとに置く。

・*That boy* sitting on the chair is my brother.　[いすに座っているあの少年は私の兄[弟]です。]

〈現在分詞＋語句〉が後ろから修飾　※名詞と現在分詞は「人[もの]が〜している」の関係。

(That boy is my brother. He is sitting on the chair.)

❷ [過去分詞の後置修飾]

「〜される[された]…」と, 名詞について説明を加えるときは, 過去分詞で始まる語句を名詞のあとに置く。

・I have read *a book* written by Shiga Naoya.　[私は志賀直哉によって書かれた本を読んだことがあります。]

〈過去分詞＋語句〉が後ろから修飾

※名詞と過去分詞は「人[もの]が〜される[された]」の関係。

(I have read a book. It was written by Shiga Naoya.)

Step 2 予想問題 PROGRAM 4 ～ Steps 3

45分
(1ページ15分)

❶ ❶～❻は単語の意味を書き，❼～⓬は日本語を英語にしなさい。

ヒント

- ☐ ❶ official （　　　　　　　　）
- ☐ ❷ defeat （　　　　　　　　）
- ☐ ❸ expression （　　　　　　　　）
- ☐ ❹ competition （　　　　　　　　）
- ☐ ❺ activity （　　　　　　　　）
- ☐ ❻ widely （　　　　　　　　）
- ☐ ❼ アルファベット ＿＿＿＿＿＿＿
- ☐ ❽ 展示 ＿＿＿＿＿＿＿
- ☐ ❾ (〜を)含めて ＿＿＿＿＿＿＿
- ☐ ❿ 準決勝の ＿＿＿＿＿＿＿
- ☐ ⓫ 試合，競技 ＿＿＿＿＿＿＿ (mで始まる)
- ☐ ⓬ wearの過去分詞形 ＿＿＿＿＿＿＿

❶
❹日本語で「コンペ」と言うときもある。
❼「ファ」のつづりに注意。
❿finalは「最後の，最終の」という意味。
⓫類語はgame。

❷ 次の語で最も強く発音する部分の記号を答えなさい。

- ☐ ❶ com-mu-ni-cate （　　　　）
     ア　イ　ウ　エ
- ☐ ❷ re-al-ize （　　　　）
     ア　イ　ウ

❸ （　　）内に入れるのに最も適切な語を，ア〜エから選んで，○で囲みなさい。

- ☐ ❶ A: How do you (　　　) that word?
     B: E-y-e-b-r-o-w. Eyebrow.
     ア know　イ take　ウ like　エ spell
- ☐ ❷ Aki and Yuta are ten. They're (　　) school students.
     ア high　イ junior　ウ elementary　エ starting
- ☐ ❸ A: You like carrots, right?　B: Yes, (　　).
     ア you do　イ fantastic　ウ exactly　エ let's

❸
❷10歳の子どもたちが行く学校。
❸「ニンジンが好きだよね」に対する応答。

❹ 日本語に合う英文になるように，＿＿＿に適切な語を書きなさい。

- ☐ ❶ 生徒会選挙はいつ開催されますか。
     When is the student ＿＿＿＿＿＿＿＿＿ held?
- ☐ ❷ 私は以前，彼に数回会ったことがあります。
     I have seen him ＿＿＿＿＿＿＿＿＿ before.
- ☐ ❸ この話はほんとうにちがいない。
     This story ＿＿＿＿＿＿＿＿＿ true.

❹
❷「〜回」はtime(s)を使う。
❸trueは形容詞なので，その前にbe動詞が必要。

点UP

❺ 次の＿＿に入る適切な語を下から選んで，書きなさい。
　　ただし，同じ語を2度使うことはできません。

☐**❶** My house is close ＿＿＿＿＿＿ the restaurant.

☐**❷** Please look ＿＿＿＿＿＿ these photos.

☐**❸** Why don't we take part ＿＿＿＿＿＿ the competition?

☐**❹** There are different kinds ＿＿＿＿＿＿ people in our town.

☐**❺** His speech always lasts ＿＿＿＿＿＿ two hours.

| in | for | to | of | at |

❺
❶ この close は形容詞で「近い」という意味。
❷「〜（のほう）を見る」
❸「〜に参加する」
❹「さまざまな［いろいろな］種類の〜」
❺ この last は動詞で「続く」。

❻ 例にならい，分詞の後置修飾を用いた1文に書きかえなさい。

（例）Look at that man.　He is sitting under the tree.
　　　→ Look at that man sitting under the tree.

☐**❶** I bought a shirt.　It was designed in London.
　　　→ I bought ＿＿＿＿＿＿＿＿＿＿＿＿＿.

☐**❷** The boy is my brother.　He is dancing to the music.
　　　→ The boy ＿＿＿＿＿＿＿＿＿＿＿＿＿.

☐**❸** The watches are nice.　They are sold at this store.
　　　→ The watches ＿＿＿＿＿＿＿＿＿＿＿＿＿.

☐**❹** Who is that boy?　He is swimming in the river.
　　　→ Who is ＿＿＿＿＿＿＿＿＿＿＿＿＿?

❻
英語は名詞のあとに修飾語句がつくことが多い。これを後置修飾という。
❷❸ 文の主語に後置修飾がつく形。そのあとに動詞がくる。

❼ （　）内の指示に従って，次の質問に英語で答えなさい。

☐**❶** What is *takoyaki*?（「日本の食べ物の一種です」と答える）

＿＿＿＿＿＿＿＿＿＿＿＿＿＿＿＿＿＿＿＿＿

☐**❷** When do you have an outing at your school?
（自分の立場で2語以上で答える）

＿＿＿＿＿＿＿＿＿＿＿＿＿＿＿＿＿＿＿＿＿

☐**❸** Have you ever used a sign language?
（自分の立場で3語以上で答える）

＿＿＿＿＿＿＿＿＿＿＿＿＿＿＿＿＿＿＿＿＿

☐**❹** How often do you practice rugby?
（「週3日です」と4語以上で答える）

＿＿＿＿＿＿＿＿＿＿＿＿＿＿＿＿＿＿＿＿＿

❼
❶「種類」は kind。
❷ outing = field trip
❸ Have you ever 〜?
「今までに〜したことがありますか。」

点UP

💡ヒント

❽ ( )内の動詞を適切な形にかえて，＿＿に書きなさい。

□❶ This is a book ＿＿＿＿＿＿ in the 19th century. （ write ）

□❷ The girl ＿＿＿＿＿ a chair is my classmate. （ carry ）

□❸ Who is the man ＿＿＿＿＿ pictures in the park?（ take ）

□❹ I ate vegetables ＿＿＿＿＿ from Hokkaido. （ send ）

❾ 次の英文を日本語にしなさい。

□❶ This is the temple called Kinkaku-ji.
（ 　　　　　　　　　　　　　　　　　　　　　 ）

□❷ I know the boy singing on the stage.
（ 　　　　　　　　　　　　　　　　　　　　　 ）

❿ 日本語に合う英文になるように，（ ）内の語句を並べかえなさい。

□❶ 私は日本製のカメラを持っています。
(in / a camera / I / Japan / made / have).
＿＿＿＿＿＿＿＿＿＿＿＿＿＿＿＿＿＿ .

□❷ フルートを演奏しているその少年は私の弟です。
(is / brother / playing / my / the boy / the flute).
＿＿＿＿＿＿＿＿＿＿＿＿＿＿＿＿＿＿ .

□❸ ひな祭りは3月3日に催されるお祭りです。
Hinamatsuri (is / on / held / a festival / March 3).
Hinamatsuri ＿＿＿＿＿＿＿＿＿＿＿＿＿ .

□❹ この部屋に持ってこられた机はとても古いです。
(to / is / brought / old / the desk / this room / very).
＿＿＿＿＿＿＿＿＿＿＿＿＿＿＿＿＿＿＿

点UP

⓫ 次の日本語を英文にしなさい。

□❶ 音楽を聞いているその少女は私の妹です。
＿＿＿＿＿＿＿＿＿＿＿＿＿＿＿＿＿＿

□❷ サッカーはたくさんの人々にプレーされるスポーツです。
＿＿＿＿＿＿＿＿＿＿＿＿＿＿＿＿＿＿

□❸ 庭で眠っているイヌは私のです。
＿＿＿＿＿＿＿＿＿＿＿＿＿＿＿＿＿＿

❽ ❌ミスに注意
❶「19世紀に書かれた本」
❷「いすを運んでいる少女」

「〜している」
→現在分詞
「〜される，〜された」
→過去分詞

❾
〈名詞＋分詞〜〉がひとまとまりの語句になっている箇所を見つける。
❶Kinkaku-ji ＝「金閣寺」

❿
❶「日本製の」は「日本で作られた」と考える。
❹ brought は bring「持ってくる」の過去分詞形。

⓫
❶「音楽を聞いているその少女」を〈名詞＋現在分詞＋語句〉で表す。
❷「たくさんの人々にプレーされるスポーツ」を〈名詞＋過去分詞＋語句〉で表す。
❸「私の」は「私のもの」ということ。

Step 3 予想テスト **PROGRAM 4 〜 Steps 3**

30分 /100点 目標 80点

❶ 日本語に合う英文になるように，＿＿に適切な語を書きなさい。技　　18点（各完答6点）

❶ レスリングを楽しんでいる生徒たちを見てください。

Look ＿＿＿ the ＿＿＿ ＿＿＿ wrestling.

❷ イギリスに住んでいるその少女は英語をじょうずに話します。

The girl ＿＿＿ in the U.K. ＿＿＿ English ＿＿＿.

❸ 私たちはビートルズによって歌われる歌が大好きです。

We love the ＿＿＿ ＿＿＿ ＿＿＿ the Beatles.

❷ 日本語に合う英文になるように，（　）内の語句を並べかえなさい。技　　18点（各6点）

❶ 赤いぼうしをかぶっている少年はケンです。

(wearing / cap / a / the boy / is / red) Ken.

❷ 雪でおおわれた庭はすてきです。 (covered / snow / the yard / with) is nice.

❸ トムに壊された花びんはあなたのものですか。

(is / the vase / broken / yours / Tom / by)?

❸ 次の対話文の（　）に入る最も適切な文を選んで，記号で答えなさい。技　　8点（各4点）

❶ *Boy*:　I have become a starting player!

Girl:　（　　）

ア I'm a beginner.　　イ I'm hungry.　　ウ Let's start it!　　エ No kidding!

❷ *Girl*:　Which one is you in this picture?

Boy:　（　　）

ア Next to the dog sleeping on the floor.　　イ Yes, it is.

ウ Do you know my dog?　　エ It's my dog.

❹ 次の英文を読んで，あとの問いに答えなさい。技　　32点

　　In fact, ①there are over 100 different sign languages in the world.　In some countries, sign language is used as an official language.

　　②ASL (language / used widely / around / a sign / is) the world. According to a report, there are about half a million ASL users in the U.S. ASL is also used in Canada and some parts of Asia and Africa.　If you know ASL, you can communicate with many people.　③Would you (　　) (　　) (　　) some ASL expressions?

❶ 下線部①を日本語にしなさい。　　(8点)

❷ 下線部②の（　）内の語句を正しく並べかえて，意味の通る文にしなさい。 (8点)

❸ 下線部③が「〜を学びたいと思いますか」という意味になるように，（　）に適切な語を書きなさい。 (8点)

❹ 次の質問に4語の英語で答えなさい。 (8点)

How many ASL users are there in the U.S.?

❺ 下の絵を見て，絵の中のものや人［動物］を説明する文を3つ書きなさい。ただし，現在分詞［過去分詞］を使って，「〜している［される］…は—です」の形の文で書くこと。表

24点(各8点)

❶	❶		
	❷		
	❸		
❷	❶		Ken.
	❷		is nice.
	❸		?
❸	❶	❷	
❹	❶		
	❷		
	❸		
	❹		
❺	・		
	・		
	・		

PROGRAM 4 ~ Steps 3

Step 1 **基本チェック** **PROGRAM 5 〜 Word Web 2**

5分

■ 赤シートを使って答えよう！

❶ [関係代名詞who(主格)] [ ]から適切な語句を選ぼう。

解答欄

□**❶** The boy [he / who] has just walked away is my brother.　**❶** _____

□**❷** I know [a girl who / who a girl] can sing well.　**❷** _____

❷ [関係代名詞which(主格)] [ ]から適切な語を選ぼう。

□**❶** The house [which / who] stands on the hill is mine.　**❶** _____

□**❷** This is a bus which [go / goes] to the station.　**❷** _____

❸ [関係代名詞that(主格)] [ ]から適切な語を選ぼう。

□**❶** I met a man and a dog [who / that] were running together.　**❶** _____

□**❷** Karen is a girl [that / which] is from Canada.　**❷** _____

POINT

❶ [関係代名詞who(主格)]

関係代名詞には，前にある名詞(先行詞)を文の形で説明する働きがある。

先行詞が「人」の場合は，先行詞のあとに〈who＋動詞〜〉の形を続ける。

I met a woman. ＋ She can speak three languages.

・I met *a woman* who can speak three languages.　[私は３つの言語を話せる女性に会いました。]
　先行詞「人」　　　　　〈who＋動詞〜〉 whoは主語の働き(主格)。

❷ [関係代名詞which(主格)]

先行詞が「もの・事がら」の場合は，先行詞のあとに〈which＋動詞〜〉の形を続ける。

You can take the train. ＋ It leaves from Tokyo Station.

・You can take *the train* which leaves from Tokyo Station.　[あなたは東京駅から出発する
　先行詞「もの」　　　　〈which＋動詞〜〉　whichは主語の働き(主格)。　その電車に乗ることができます。]

❸ [関係代名詞that(主格)]

関係代名詞thatは先行詞が「人」でも「もの・事がら」でも使うことができる。先行詞が「人＋もの」
の場合はthatを使うことが多い。

・Bill lives in *a house* that [which] has a large yard.　[ビルは広い庭のある家に住んでいます。]
　先行詞「もの」　　　　〈that[which]＋動詞〜〉

・Look at *the girl and the dog* that are running over there.　[向こうを走っている少女とイヌ
　先行詞「人＋もの」　　　　〈that＋動詞〜〉　　　　　　　　　　　　を見て。]

Step 2 予想問題 ： PROGRAM 5 ～ Word Web 2

45分
(1ページ15分)

❶ ❶〜❻は単語の意味を書き，❼〜⓬は日本語を英語にしなさい。

☐❶ price （　　　　　） ☐❷ dictionary （　　　　　）

☐❸ solid （　　　　　） ☐❹ surround （　　　　　）

☐❺ daily （　　　　　） ☐❻ movement （　　　　　）

☐❼ 記録，最高記録 ＿＿＿＿＿＿＿＿

☐❽ (表示画面を)スクロールする ＿＿＿＿＿＿＿＿

☐❾ 始まる，始める ＿＿＿＿＿＿＿＿（bで始まる）

☐❿ 完全な，申し分ない ＿＿＿＿＿＿＿＿

☐⓫ (事がらの)面 ＿＿＿＿＿＿＿＿

☐⓬ 印象，イメージ ＿＿＿＿＿＿＿＿

❷ 次の語で最も強く発音する部分の記号を答えなさい。

☐❶ pre-fec-ture （　　　） ☐❷ pock-et （　　　）
　　ア　イ　ウ　　　　　　　　　　　ア　イ

❸ (　)内に入れるのに最も適切な語を，
ア〜エから選んで，○で囲みなさい。

☐❶ This (　　　) shows the result of a test.
　　ア debut　　イ tool　　ウ magic　　エ figure

☐❷ I usually wear (　　　) when I am at home.
　　ア jean　　イ jeans　　ウ pocket　　エ shoe

☐❸ A:　What did you do last Saturday?
　　B:　I went on a (　　　).
　　ア walk　　イ walking　　ウ walker　　エ walked

❹ 日本語に合う英文になるように，＿＿＿に適切な語を書きなさい。

☐❶ 彼は3日続けて学校を休んでいます。
　　He is absent from school three days ＿＿＿＿＿＿ a
　　＿＿＿＿＿＿.

☐❷ チョコレートはカカオ豆から作られます。
　　Chocolate is ＿＿＿＿＿＿ ＿＿＿＿＿＿ cacao beans.

ヒント

❶
❺dayの形容詞形。
❻moveの名詞形。
⓬英語では [ímidʒ] と発音する。

❷
❷日本語との発音の違いに注意。

❸
❶「この(　)はテストの結果を示しています。」
❷wearは「着ている，身につけている」。
❸「散歩に行く」という意味にする。

❹
❶「続けて」を3語で表す。「列」を表すrowを使う。
❷受け身の文。

PROGRAM 5 ～ Word Web 2

❺ 次の＿＿に入る適切な語を下から選んで，書きなさい。
ただし，同じ語を２度使うことはできません。

□❶ My car is very old. ＿＿＿＿＿ the other hand, yours is new.

□❷ She speaks English well. ＿＿＿＿＿ other words, her English is very good.

□❸ He does many things ＿＿＿＿＿ the same time.

in	on	at

❻ 例にならい，関係代名詞を用いた１文に書きかえなさい。

（例）I have a dog. It likes running.
→ I have a dog which[that] likes running.

❻ ✕ミスに注意
名詞のあとに〈関係代
名詞＋動詞〜〉を続け
る。
❷used booksは「古
本」。
❸どの名詞が先行詞に
なるかを考える。

□❶ I have an aunt. She lives in Osaka.
→ ＿＿＿＿＿＿＿＿＿＿＿

□❷ I went to a shop. It sells used books.
→ ＿＿＿＿＿＿＿＿＿＿＿

□❸ The boy is Mike. He is playing soccer.
→ ＿＿＿＿＿＿＿＿＿＿＿

□❹ Can you see the house? It has a large garden.
→ ＿＿＿＿＿＿＿＿＿＿＿

❼ 次の＿＿にwhoかwhichのうち適する関係代名詞を書きなさい。

□❶ I have a friend ＿＿＿＿＿ can speak English.

□❷ I know a library ＿＿＿＿＿ has a computer room.

□❸ Mt. Asama is a mountain ＿＿＿＿＿ is in Nagano.

□❹ I met some students ＿＿＿＿＿ came from China.

❽ （ ）内の指示に従って，次の質問に英語で答えなさい。

□❶ What's your hobby? （自分の立場で動名詞を使って答える）

＿＿＿＿＿＿＿＿＿＿＿＿＿＿＿

□❷ The children don't go to school. Why?
（forceを使って「働かざるを得ないからです」と答える）

＿＿＿＿＿＿＿＿＿＿＿＿＿＿＿

❾ 次の英文を日本語にしなさい。

☐ **①** Do you know a baseball player who became famous in the U.S.?

(　　　　　　　　　　　　　　　　　　　　　　　)

☐ **②** Here is a picture which was painted by my father.

(　　　　　　　　　　　　　　　　　　　　　　　)

☐ **③** Look at the girl who is dancing on the stage.

(　　　　　　　　　　　　　　　　　　　　　　　)

☐ **④** I know the man and his dog that are taking a walk.

(　　　　　　　　　　　　　　　　　　　　　　　)

❿ 日本語に合う英文になるように，( )内の語句を並べかえなさい。

☐ **①** ピアノをひいている女性を知っていますか。

Do you know (the piano / is / the woman / who / playing)?

Do you know ＿＿＿＿＿＿＿＿＿＿＿＿＿＿＿＿＿＿ ?

☐ **②** あれは上野駅を 5 時に出発した列車です。

That's (Ueno Station / left / which / the train / at five).

That's ＿＿＿＿＿＿＿＿＿＿＿＿＿＿＿＿＿＿ .

☐ **③** 私を幸せにしてくれる映画は「ライオン・キング」です。

(makes / is / happy / the movie / me / that) *The Lion King.*

＿＿＿＿＿＿＿＿＿＿＿＿＿＿＿＿ *The Lion King.*

☐ **④** あなたはペルーに行ったことがある人を知っていますか。

Do you know (who / to / has / Peru / a person / been)?

Do you know ＿＿＿＿＿＿＿＿＿＿＿＿＿＿＿＿＿＿ ?

⓫ 次の日本語を英文にしなさい。ただし，関係代名詞を使うこと。

☐ **①** 私はじょうずに泳げるイヌを 1 匹飼っています。

＿＿＿＿＿＿＿＿＿＿＿＿＿＿＿＿＿＿＿＿＿＿＿＿＿

☐ **②** あなたは木の下に座っている女の子を知っていますか。

＿＿＿＿＿＿＿＿＿＿＿＿＿＿＿＿＿＿＿＿＿＿＿＿＿

☐ **③** 私に電話をかけてきた男性は田中先生(Mr. Tanaka)でした。

＿＿＿＿＿＿＿＿＿＿＿＿＿＿＿＿＿＿＿＿＿＿＿＿＿

❾〈名詞＋関係代名詞〜〉は，「〜する…（名詞）」のように，後ろから訳す。

❿
①「ひいている」なので，関係代名詞以下が現在進行形になる。
③〈make ＋ 〜（人など）＋ …（形容詞）〉「〜を…（の状態）にする」を使った文。
④「〜に行ったことがある」はhave[has] been to 〜で表す。

⓫ ⊗|ミスに注意
先行詞が「人」を表すか「もの」を表すかを考える。
②「あなたは(その)女の子を知っていますか」+「彼女は木の下に座っています」

Step 3 予想テスト **PROGRAM 5 〜 Word Web 2** 30分 /100点 目標 80点

❶ 日本語に合う英文になるように，＿＿に適切な語を書きなさい。[技] 21点（各完答7点）

❶ 私はアフリカで多くの人々を救った医師を知っています。

I know a doctor ＿＿＿ ＿＿＿ ＿＿＿ people in Africa.

❷ 私にはテニスが得意な友だちがいます。

I have a friend ＿＿＿ ＿＿＿ ＿＿＿ at tennis.

❸ これは長い耳を持った動物です。 This is the animal ＿＿＿ ＿＿＿ ＿＿＿ ears.

❷ 日本語に合う英文になるように，（ ）内の語句を並べかえなさい。[技] 21点（各7点）

❶ 私は日本語をじょうずに話せるアメリカ人の少年に会いました。

(met / can / who / an American / I / boy) speak Japanese well.

❷ 私はそのレストランで焼かれたパンが食べたいです。

I want (the bread / was / to / which / baked / eat) at the restaurant.

❸ 公正な価格で売られているコーヒーを買うべきです。

We should (at / which / buy / sold / is / a fair price / coffee).

❸ 次の対話文の（ ）に入る最も適切なものを選んで，記号で答えなさい。[技] 12点（各6点）

❶ *Boy*: Let's go to an amusement park which has a big roller coaster.

Girl: ( )

ア Let me go. イ I'm afraid I can't. ウ Let's sing. エ How are you?

❷ *Boy*: I can't find my pencil.

Girl: Did you look for it ( ) your room?

ア though イ through ウ thought エ throughout

❹ 次の対話文を読んで，あとの問いに答えなさい。[技] 30点

Emily: I've found a good topic for our speech.

Ken: What is it?

Emily: It's the history of chocolate.

Ken: Sounds interesting! ①There are many students who love chocolate in our class.

Emily: According to a website, the original chocolate was just a bitter drink.

Ken: A bitter drink? Really?

Emily: Yes. In the old times in Mexico, it was made from crushed cacao beans and spices. It had no sugar. ②People (　　) it (　　) medicine.

Ken:　I didn't know that.

Emily:　③Chocolate was so (small / a / valuable / number / only / that)
of people could have it.

❶ 下線部①を日本語にしなさい。 (8点)

❷ 下線部②が「人々はそれを薬とみなしました」という意味になるように，(　)に適切な語を書きなさい。 (6点)

❸ 下線部③の(　)内の語を正しく並べかえて，意味の通る文にしなさい。 (8点)

❹ 本文の内容に合うように，＿＿＿に適切な語を書きなさい。 8点(完答)

Chocolate didn't ＿＿＿ ＿＿＿ sugar in the old times in Mexico.

**❺ 例を参考に，❶には自分がなりたい人(職業)について説明する英文を，❷には自分が
ほしいものについて説明する英文を，関係代名詞を用いて書きなさい。** 表　16点(各8点)

❶ (例) I want to be a singer who has a beautiful voice.

❷ (例) I want a bag which has a nice color.

❶	❶		
	❷		
	❸		
❷	❶		speak Japanese well.
	❷ I want		at the restaurant.
	❸ We should		.
❸	❶	❷	
❹	❶		
	❷		
	❸		
	❹		
❺	❶		
	❷		

Step 1 基本チェック ● PROGRAM 6 ～ Power-Up 4

⏱ 5分

■ 赤シートを使って答えよう!

❶ [関係代名詞(目的格)] [　]に適切な語を入れよう。

解答欄

☐ ❶ これは私が沖縄でとった写真です。

This is a picture [which[that]] I took in Okinawa.

☐ ❷ 私たちが昨日食べたケーキはとてもおいしかったです。

The cake [which[that]] we ate yesterday was delicious.

☐ ❸ 彼女は私がいちばん好きな歌手です。

She is the singer [that] I like the best.

❶
❷
❸

❷ [関係代名詞の省略]

関係代名詞が省略されている部分の記号を選ぼう。

☐ ❶ Bill ㋐ loves the bike ㋑ his father bought ㋒ for him.

☐ ❷ I'll show you ㋐ some pictures ㋑ he ㋒ drew.

❶
❷

POINT

❶ [関係代名詞(目的格)]

説明する文の中で関係代名詞が目的語の働きをするとき,目的格の関係代名詞という。

目的格の関係代名詞のあとには〈主語＋動詞〉が続く。

◆which:先行詞が「もの・事がら」の場合に使われる。

This is the bag. ＋ I bought it yesterday.

・This is *the bag* which I bought yesterday.　[これは私が昨日買ったかばんです。]

　　先行詞　　　　　〈関係代名詞＋主語＋動詞〜〉whichは目的語の働き(目的格)。

◆that:先行詞が「人・もの・事がら」の場合に使われる。

This is the dictionary. ＋ I use it at home.

・This is *the dictionary* that [which] I use at home.　[これは私が家で使う辞書です。]

　　先行詞　　　　　〈関係代名詞＋主語＋動詞〜〉

先行詞に最上級,序数,all,every,the onlyなどがつくと,thatを使うことが多くなる。

・That is *the best book* that I have ever read. [それは私がこれまでに読んだ中でもっともよい本です。]

　　　　　　　先行詞に最上級がついている。→関係代名詞thatを使う。

❷ [関係代名詞の省略]

目的格の関係代名詞は,省略されることがある。＊主格の関係代名詞は省略できない。

・*The old man* (that) I helped yesterday was Miki's grandfather.

[私が昨日助けたお年寄りはミキの祖父でした。]

Step 2 予想問題 ：**PROGRAM 6 〜 Power-Up 4**

⏱ **45分**
(1ページ15分)

❶ ❶〜❻は単語の意味を書き，❼〜⓬は日本語を英語にしなさい。 💡**ヒント**

□❶ Greece （　　　　） □❷ reduce （　　　　）

□❸ explanation（　　　） □❹ harmful （　　　　）

□❺ human （　　　　） □❻ surface （　　　　）

□❼ 集める ＿＿＿＿ □❽ 傷つける ＿＿＿＿

□❾ 北(の) ＿＿＿＿ □❿ とても小さい ＿＿＿＿

□⓫ ごみ ＿＿＿＿ (tで始まる)

□⓬ 地域，地方 ＿＿＿＿

❷ 次の語で最も強く発音する部分の記号を答えなさい。

□❶ proj-ect （　　）　　□❷ per-cent （　　）
　　　ア　イ　　　　　　　　　　ア　イ

❸ （　）内に入れるのに最も適切な語を，
　ア〜エから選んで，○で囲みなさい。

□❶ A: It (　　) good.
　　B: Yeah, I'm baking a cake.
　　ア floats　イ makes　ウ smells　エ tastes

□❷ A: What is your mother's job?
　　B: She is a (　　).
　　ア broadcasting　イ human
　　ウ researcher　エ cleanup

❹ 日本語に合う英文になるように， ＿＿ に適切な語を書きなさい。

□❶ 彼女はいつでもほほえんでいます。
　　She smiles ＿＿＿＿ the time.

□❷ その鳥は網に捕えられて，飛ぶことができませんでした。
　　The bird got ＿＿＿＿ ＿＿＿＿ a net and couldn't fly.

□❸ 私はその知らせを聞いて，うれしくもあり悲しくもありました。
　　I was ＿＿＿＿ happy ＿＿＿＿ sad to hear the news.

ヒント欄:

❶
❶国名。
❹動詞形はharm。
❽過去形，過去分詞形も同じ形。

原形-過去形-過去分詞形が同じ形の動詞はほかにもあるよ。
・cut-cut-cut(切る)
・hit-hit-hit (打撃を与える)
・put-put-put(置く)
・read-read-read(読む)

⓫類語はgarbage。

❸
❶Bは「ケーキを焼いている」と答えている。
❷jobは「仕事」。職業として答えられるものを選ぶ。

❹
❶(　) the timeで「いつでも」。
❷catchの過去分詞形を使う。
❸「うれしい」と「悲しい」の両方とも。

PROGRAM 6 〜 Power-Up 4

❺ 次の＿＿に入る適切な語を下から選んで，書きなさい。
ただし，同じ語を2度使うことはできません。

☐ **❶** A huge amount ＿＿＿＿＿＿ information is contained in the report.

☐ **❷** Don't throw ＿＿＿＿＿＿ garbage in the street.

☐ **❸** I believe this email was sent to me ＿＿＿＿＿＿ mistake.

☐ **❹** We can enjoy some events such as barbecue, fireworks, and so ＿＿＿＿＿＿ in summer.

by	on	of	away

❻ 次の2つの文を，与えられた書き出しに続けて，
関係代名詞を用いた1文に書きかえなさい。

☐ **❶** Here are some pictures. She took them last month.
Here ＿＿＿＿＿＿＿＿＿＿＿＿＿＿＿＿ .

☐ **❷** I have a bag. My father made it yesterday.
I ＿＿＿＿＿＿＿＿＿＿＿＿＿＿＿＿ .

☐ **❸** Do you know the girl? Mike met her at the station.
Do you ＿＿＿＿＿＿＿＿＿＿＿＿＿＿＿＿ ?

☐ **❹** This book is very popular. Pat read it last week.
This book ＿＿＿＿＿＿＿＿＿＿＿＿＿＿＿ .

☐ **❺** He is a baseball player. Yuki likes him very much.
He is ＿＿＿＿＿＿＿＿＿＿＿＿＿＿＿＿ .

☐ **❻** The dictionary is heavy. I use it every day.
The dictionary ＿＿＿＿＿＿＿＿＿＿＿＿＿ .

❼ （　）内の指示に従って，次の英文に英語で答えなさい。

☐ **❶** I think communicating each other is the most important.
（「あなたの考えに賛成です」と答える）
＿＿＿＿＿＿＿＿＿＿＿＿＿＿＿＿＿＿＿＿

☐ **❷** Which is older, this temple or that one?
（「あの寺はこの寺の3倍古いです」と答える）
＿＿＿＿＿＿＿＿＿＿＿＿＿＿＿＿＿＿＿＿

点UP

ヒント

❺
❶「膨大な量の〜」
❷「〜を捨てる」
❸「誤って，間違って」
❹「〜など」

❻ ✖ ミスに注意
目的格の関係代名詞を使って1文にする。目的語の代名詞を関係代名詞に置きかえて，名詞（先行詞）のあとに置く。
❺ 2文目のhimを関係代名詞に置きかえる。
❻ 先行詞はthe dictionary。2文目のitを関係代名詞に置きかえる。

❼
❶「あなたの考え」はyour ideaを使う。
❷「—の〜倍…」は〜times as ... as —で表す。

❽ 次の文で関係代名詞が省略されている位置を選んで，記号を○で囲みなさい。また，英文を日本語にしなさい。

□**❶** The season ㋐ I like ㋑ the best ㋒ is ㋓ winter.

(　　　　　　　　　　　　　　　　　　　)

□**❷** Is that ㋐ the chair ㋑ you are ㋒ looking for ㋓ ?

(　　　　　　　　　　　　　　　　　　　)

□**❸** We ㋐ didn't understand ㋑ anything ㋒ he ㋓ said.

(　　　　　　　　　　　　　　　　　　　)

□**❹** *Shoyu* ㋐ is a kind ㋑ of sauce ㋒ we usually use ㋓ for cooking.

(　　　　　　　　　　　　　　　　　　　)

❾ 日本語に合う英文になるように，（　）内の語句を並べかえなさい。

□**❶** 私は持ち運ぶことができるコンピュータがほしいです。
(which / carry / want / can / a computer / I / I).

_____ .

□**❷** ジムが昨日食べた夕食はおいしかったです。
(yesterday / was / Jim / that / good / ate / the dinner).

_____ .

□**❸** これは私がこれまでに買ったもっとも高価なペンです。
(pen / the most / I've / this / bought / that / is / ever / expensive).

_____ .

□**❹** 彼はみんながよく知っているお笑い芸人です。
(well / a comedian / everybody / he / knows / is).

_____ .

❿ 次の日本語を，関係代名詞を用いて英文にしなさい。省略できる関係代名詞は省略すること。

□**❶** ギターをひいているその少年を見て。

_____

□**❷** 私は，漱石(Soseki)が1906年に書いたその物語を知っています。

_____

□**❸** 私が昨日買ったかさは中国製でした。

_____

❽ ❌ | ミスに注意
それぞれの文で，どの部分が前にある名詞を説明しているのか考える。
❶ like 〜 the best で「〜がいちばん好きである」。
❷ look for 〜で「〜をさがす」。

❾
❶ computer が先行詞。
❸「これまでに〜した」は現在完了形で表す。この部分を「ペン」のあとに続ける。
❹ 関係代名詞が省略されている。

❿ ❌ | ミスに注意
・〈先行詞＋関係代名詞＋動詞〜〉
　→省略できない。
・〈先行詞＋関係代名詞＋主語＋動詞〜〉
　→省略できる。

Step 3 予想テスト **PROGRAM 6 〜 Power-Up 4** 30分 目標 80点 /100点

❶ 日本語に合う英文になるように，＿＿＿に適切な語を書きなさい。 技　15点(各完答5点)

❶ あちらは私が昨日助けた女性です。

That is the woman ＿＿＿ ＿＿＿ ＿＿＿ yesterday.

❷ あなたが作ったかばんを見せてもらえませんか。

Can you show me the bag ＿＿＿ ＿＿＿ ＿＿＿ by you?

❸ 私が好きなそのテニス選手は，とても人気があります。

The tennis player ＿＿＿ ＿＿＿ ＿＿＿ very popular.

❷ 日本語に合う英文になるように，（ ）内の語句を並べかえなさい。 技　15点(各5点)

❶ 私にあなたが先週見た映画について教えてください。

Please tell me about (which / last week / you / the movie / saw).

❷ あなたはマイクが話しかけている女性を知っていますか。

Do you know (talking / Mike / the woman / to / is)?

❸ 私はあなたが必要とするものは何も持っていません。

I don't (you / have / that / anything / need).

❸ 次の対話文の（ ）に入る最も適切な語句を選んで，記号で答えなさい。 技　10点(各5点)

❶ *American boy*: What did you eat for lunch today?

Japanese girl: I ate the school lunch. It is ( ) at school.

ア served　イ had　ウ brought　エ put

❷ *Father*: What kind of chairs do you want?

Boy: I want a chair ( ) wood.

ア making　イ made　ウ to make　エ made of

❹ 次の英文を読んで，あとの問いに答えなさい。 技　40点

　　The garbage patches are harmful to sea animals. They often get caught in fishing nets on the surface and cannot escape. They also eat small plastic pieces by mistake because these pieces look like their food. ①(humans / the plastics / away / that / throw) kill many sea animals every year.

　②It is said that the Great Pacific Garbage Patch contains about 80,000 tons of garbage. Some researchers say that there will be more garbage than fish by 2050. We should reduce our use of plastic and gather the garbage in the sea.

❶ 下線部①の（　）内の語句を正しく並べかえて，意味の通る文にしなさい。　(8点)

❷ 下線部②を日本語にしなさい。　(8点)

❸ ごみベルトが海洋動物に与える危険について，本文中で述べられていることを2つ日本語で書きなさい。　16点(各8点)

❹ 次の質問に7語の英語で答えなさい。　(8点)

What should we reduce?

❺ 次の❶, ❷について，This is 〜．「これは[こちらは]〜です。」と紹介する英文を，関係代名詞を用いて書きなさい。表　20点(各10点)

❶ 自分が興味を持っている人やもの。

❷ 自分が毎日使っているもの。

❶	❶		
	❷		
	❸		
❷	❶ Please tell me about		.
	❷ Do you know		?
	❸ I don't		.
❸	❶	❷	
❹	❶		
	❷		
	❸ ·		
	·		
	❹		
❺	❶		
	❷		

Step 1 | **基本チェック** | **PROGRAM 7 〜 Word Web 3** | 10分

■ 赤シートを使って答えよう！

❶ [仮定法過去〈If＋主語＋be動詞〉] [ ]に適切な語を入れよう。 **解答欄**

☐**❶** もし私がひまだったら，一日じゅう眠るでしょう。

If I [were] free, I [would] sleep all day.　❶＿＿＿＿＿

☐**❷** もしケンがここにいたら，私を助けるでしょう。

If Ken [were] here, he [would] help me.　❷＿＿＿＿＿

☐**❸** もし私があなただったら，そのコンサートに行くでしょう。

If I [were] you, I [would] go to the concert.　❸＿＿＿＿＿

☐**❹** もし私があなただったら，このギターを買うでしょう。

If I [were] you, I [would] buy this guitar.　❹＿＿＿＿＿

❷ [仮定法過去〈If＋主語＋一般動詞〉] [ ]に適切な語を入れよう。

☐**❶** もし私が彼の電話番号を知っていたら，彼に電話できるでしょう。

If I [knew] his phone number, I [could] call him.　❶＿＿＿＿＿

☐**❷** もし私たちがお金をたくさん持っていたら，新しい車を買えるでしょう。

If we [had] much money, we [could] buy a new car.　❷＿＿＿＿＿

☐**❸** もし私がお金を持っていたら，花を買うでしょう。

If I [had] some money, I [would] buy flowers.　❸＿＿＿＿＿

☐**❹** もし私がその話を知っていたら，あなたに話すでしょう。

If I [knew] the story, I [would] tell it to you.　❹＿＿＿＿＿

❸ [I wish＋主語＋(助)動詞の過去形] [ ]に適切な語を入れよう。

☐**❶** 私がピアノをひけたらなあ。　　　　　　　　　　❶＿＿＿＿＿

I wish I [could] play the piano.　　　　　　　　　❷＿＿＿＿＿

☐**❷** 私がドラえもんだったらなあ。　　　　　　　　　❸＿＿＿＿＿

I wish I [were] Doraemon.　　　　　　　　　　　❹＿＿＿＿＿

☐**❸** 私が答えを知っていたらなあ。　　　　　　　　　❺＿＿＿＿＿

I wish I [knew] the answer.

☐**❹** 新しいコンピュータを持っていればなあ。

I wish I [had] a new computer.

☐**❺** 英語がじょうずに話せたらなあ。

I wish I [could] [speak] English well.

POINT

❶ [仮定法過去〈If + 主語 + be動詞〉]

現在の事実とは違うことを仮定して「もし(人)が〜だったら, …するでしょう」は〈If + 主語 + were 〜, 主語 + would[could] + 動詞の原形 ....〉の形を使う。

・If I were a dog, I would sleep all day. [もし私がイヌだったら, 一日じゅう眠るでしょう。]

　〈If + 主語 + were 〜, 主語 + would + 動詞の原形 ....〉

be動詞は主語が何でもふつうwereを使う。

ただし, 話しことばでは, Iや3人称単数でwasを使うこともある。

・If Ami were here, she would help me. [もしアミがここにいたら, 私を助けるでしょう。]

　　　　└──主語が3人称でもふつうwereを使う。

・If it were sunny today, I would play tennis.

[もし今日晴れていたら, 私はテニスをするでしょう。]

❷ [仮定法過去〈If + 主語 + 一般動詞〉]

現在の事実とは違うことを仮定して「もし(人)が〜したら, …するでしょう」は〈If + 主語 + 動詞の過去形 〜, 主語 + would[could] + 動詞の原形 ....〉の形を使う。

・If I knew Taro's phone number, I could call him.

　〈If + 主語 + 一般動詞の過去形 〜, 主語 + could + 動詞の原形 ....〉

[もし私がタロウの電話番号を知っていたら, 彼に電話できるでしょう。]

wouldはwillの, couldはcanの過去形。

・If we had a lot of money, we could buy the car.

[もし私たちがたくさんのお金を持っていたら, その車を買えるでしょう。]

・If I had one million yen, I would travel around Japan.

[もし私が100万円持っていたら, 日本じゅうを旅行するでしょう。]

❸ [I wish + 主語 + (助)動詞の過去形]

「〜ならなあ」と現在の事実と違う願望を表す。話し手の残念な気持ちが含まれる。

I wishのあとに続く文の助動詞や動詞は過去形。

・I wish I could play the guitar. [私がギターをひけたらなあ。]

　〈I wish + 主語 + could + 動詞の原形 〜.〉

・I wish Doraemon were at home. [ドラえもんが家にいたらなあ。]

　　　　└──be動詞は主語が何でもwereを使う。

・I wish I knew the answer. [私が答えを知っていたらなあ。]

　　　knowの過去形

Step 2 予想問題 : PROGRAM 7 〜 Word Web 3

⏱ 30分
(1ページ15分)

❶ ①〜⑥は単語の意味を書き，⑦〜⑫は日本語を英語にしなさい。 💡ヒント

☐**①** expert （　　　　　　　） ☐**②** deep （　　　　　　　）

☐**③** disease （　　　　　　　） ☐**④** suggest （　　　　　　　）

☐**⑤** process （　　　　　　　） ☐**⑥** ability （　　　　　　　）

☐**⑦** すぐに，速く ＿＿＿＿＿ ☐**⑧** 形 ＿＿＿＿＿

☐**⑨** 想像する ＿＿＿＿＿ ☐**⑩** 勝利 ＿＿＿＿＿

☐**⑪** 機会，チャンス ＿＿＿＿＿ ☐**⑫** 便利な ＿＿＿＿＿

❶

①人を表す名詞。

⑥be able to 〜「〜することができる」のableの名詞形。

❷ 次の語で最も強く発音する部分の記号を答えなさい。

☐**①** pro-gram （　　　） ☐**②** en-e-my （　　　）
　　　ア　イ 　　　　　　　ア　イ　ウ

❸ 日本語に合う英文になるように，＿＿に適切な語を書きなさい。

☐**①** もし私がサルだったら，それをとるために跳ぶでしょう。

　If I ＿＿＿＿＿＿ a monkey, I ＿＿＿＿＿＿ jump to get it.

☐**②** 何か光るものが川に浮かんでいます。

　＿＿＿＿＿＿ ＿＿＿＿＿＿ is floating in the river.

☐**③** 私たちの町に大きな図書館があったら，さまざまな本を楽しめるでしょう。

　If ＿＿＿＿＿＿ were a big library in our town,

　we ＿＿＿＿＿＿ enjoy various books.

❸

②「何か」+「光っている」という語順に注意。

③「〜がある」の言い方を思い出そう。

There is a zoo in our city.

（私たちの市には，動物園があります。）

❹ 次の＿＿に入る適切な語を下から選んで，書きなさい。
ただし，同じ語を2度使うことはできません。

☐**①** John belongs ＿＿＿＿＿＿ the basketball team.

☐**②** I'm searching ＿＿＿＿＿＿ a cooking book.

☐**③** We have to live together with AI from now ＿＿＿＿＿＿.

☐**④** We will clean ＿＿＿＿＿＿ this room.

☐**⑤** I want to shake hands ＿＿＿＿＿＿ you.

up	to	with	for	on

❹

③「これからは」

⑤「(人)と握手する」「手」は複数形のhandsになる。

handsのように名詞が複数形になる例はほかにもあるよ。
・change trains「電車を乗りかえる」

❺ （　）内の指示に従って，次の質問に英語で答えなさい。

☐❶ He is smart. What do you think?

（「私もそう思います」と４語で答える）

☐❷ What's that? Is it a star? （「私には何も見えません」と４語で答える）

☐❸ If you had one million yen, what would you buy?

（自分の立場で答える）

❻ 次の英文を日本語にしなさい。

☐❶ The days we spent in Kyoto were meaningful.

（　　　　　　　　　　　　　　　　　　　　）

☐❷ I wish I were a cat.

（　　　　　　　　　　　　　　　　　　　　）

❼ 日本語に合う英文になるように，（　）内の語句を並べかえなさい。

☐❶ 私はどの腕時計を買えばよいか決められません。

(decide / which / I / watch / buy / cannot / to).

☐❷ 宿題をすることは，私たちにとって難しかったです。

(difficult / our / for / homework / to / it / do / was / us).

❽ 次の日本語を英文にしなさい。

☐❶ もし私があなただったら，その行事に参加するでしょう。

☐❷ 私はあなたの親切を決して忘れないでしょう。

☐❸ 私が鳥だったらなあ。

❺
❶ what で始まる疑問文に答えるときは，Yes/No を使わない。
❷ don't または cannot を使って答える。
❸ ❌ ミスに注意
自分だったら何を買うか考えよう。would でたずねられているので，would を使って答える。

❻
❶ spent は spend の過去形。
spend-spent-spent

❼ ❌ ミスに注意
❶「どの腕時計を買えばよいか」の語順に注意。「どの〜」は〈which＋名詞〉で表す。
❷「(人)が…するのは〜である」の文。It を主語にする。

❽
❶ 仮定法過去の文。動詞の形に注意。
❷「親切」は kind「親切な」の名詞形。「決して〜ない」は never を使う。
❸ 現在の事実と違う願望を表す文。I wish で始める。

PROGRAM 7 〜 Word Web 3

Step 3 予想テスト ・ PROGRAM 7 〜 Word Web 3

30分　目標80点　/100点

❶ 日本語に合う英文になるように，＿＿＿に適切な語を書きなさい。 技　15点 (各完答5点)

❶ もし私がその少年だったら，警察署に行くでしょう。

If I ＿＿＿＿ the boy, I ＿＿＿＿ ＿＿＿＿ to the police station.

❷ もしその競技場に屋根があったら，いつでもスポーツを楽しむことができるでしょう。

If the stadium ＿＿＿＿ a roof, we ＿＿＿＿ ＿＿＿＿ sports all the time.

❸ ところで，あなたはどちらの出身ですか。

＿＿＿＿ ＿＿＿＿ ＿＿＿＿, where are you from?

❷ 日本語に合う英文になるように，（ ）内の語句を並べかえなさい。 技　15点 (各5点)

❶ あなたがここにいられたらよかったのに。 (could / you / I / here / wish / be).

❷ その機械は，私たちの生活をより便利にしてくれます。

The machine (convenient / lives / our / makes / more).

❸ コンピュータは，たくさんの情報を処理することができます。

(can / a lot / process / information / of / computers).

❸ 次の対話文の（ ）に入る最も適切な文を選んで，記号で答えなさい。 技　14点 (各7点)

❶ *Boy*: We have been studying for two hours. (　)

Girl: That sounds good.

ア How are you?　　イ I'm not tired.

ウ Let's have a break.　エ Do you break?

❷ *Mother*: If I were you, I would ask someone to help.

Boy: (　)

ア May I help you?　　イ Can you help me?

ウ I cannot help you.　エ I helped you.

❹ 次の英文を読んで，あとの問いに答えなさい。 技　35点

　　①Some people wish AI would do everything for them.　However, we should know both the good and ②bad points of it.　In the medical field, for example:

・AI may find diseases like cancer better and faster than humans.

・AI may do operations more correctly than humans.

③(それに対して):

・Human doctors may lose their jobs.

・AI may not understand patients' feelings.

❶ 下線部①を日本語にしなさい。 (7点)

❷ 下線部②の具体的な内容を 2 つ日本語で書きなさい。 (各7点)

❸ 下線部③の日本語を 4 語の英語にしなさい。 (7点)

❹ 次の質問に 3 語の英語で答えなさい。 (7点)

What may AI find better and faster than humans?

❺ あなた自身の中学校の思い出の行事について, 次の指示にしたがって英語で書きなさい。

（表）21点（各7点）

・1文目：My favorite memory was で書き始める。

・2文目：「行った場所」や「したこと」などを具体的に書く。

・3文目：その行事で特に楽しんだことについて書く。（Also I enjoyed で書き始める）

❶	❶		
	❷		
	❸		
❷	❶		.
	❷ The machine		.
	❸		.
❸	❶	❷	
❹	❶		
	❷ ・		
	・		
	❸		
	❹		
❺	・		
	・		
	・		

Step 1 基本チェック ● Reading 2

⏱ 10分

■ 赤シートを使って答えよう！

❶ [受け身の文] [　]に適切な語を入れよう。

解答欄

□❶ 彼は，背の高い男に撃たれました。

He [was][shot] by a tall man.

❶ _____

□❷ 多くの人が彼女の作品に感動しました。

Many people were [moved][by] her works.

❷ _____

□❸ その箱は決して開けられません。

The box can never [be][opened].

❸ _____

□❹ その行事は来年また開かれるでしょう。

The event will [be][held] next year again.

❹ _____

❷ [call[make]＋目的語＋補語] [　]に適切な語を入れよう。

□❶ 音楽を聞くことは私をわくわくさせます。

Listening to music [makes][me] excited.

❶ _____

□❷ 本を読むことはいつも私を眠たくさせます。

Reading books always [makes] me [sleepy].

❷ _____

□❸ 私はふつう彼をビルと呼びます。

I usually [call][him] Bill.

❸ _____

□❹ 私たちはその日を子どもの日と呼びます。

We [call] that [day] Children's Day.

❹ _____

❸ [let ＋人など＋動詞の原形] [　]に適切な語を入れよう。

□❶ 母は私にひとりで買い物に行かせてくれました。

My mother [let] me [go] shopping alone.

❶ _____

□❷ 私にその事実を今知らせてください。

[Let] me [know] the fact now.

❷ _____

□❸ 私たちにそれについてあなたに伝えさせてください。

Let [us][tell] you about it.

❸ _____

□❹ 私たちにいくつか質問させてください。

Let [us][ask] some questions.

❹ _____

POINT

❶［受け身の文］

「〜され(てい)る[た]」と言うときは，〈be動詞＋過去分詞〉の形で表す。

・English is used in the U.K. ［英語はイギリスで使われています。］
　　　　　〈be動詞＋過去分詞〉

・The book was written by Miyazawa Kenji. ［その本は宮沢賢治によって書かれました。］
　　　　　　　　　　　　　└── 動作の行為者を示すときはby 〜「〜によって」をつける。

助動詞を含む文の場合は〈助動詞＋be＋過去分詞〉の形になる。

　　　　They must finish this work soon. ［彼らはすぐにこの仕事を終えなければなりません。］
　　　　　　　│　　　　└── this workを主語にした受け身の文に
　　　　　　　↓

・This work must be finished soon . ［この仕事はすぐに終えられなければなりません。］
　　　　　　〈助動詞＋be＋過去分詞〉　　└── by themが省略されている。

・A war can never be ended by a war. ［戦争によって戦争を終わらせることは決してできません。］

❷［call[make]＋目的語＋補語］

◆「〜を…と呼ぶ」と言うときは，〈call＋〜(人など) ＋...(名詞)〉の形を使う。

・We call *this temple* Todaiji. ［私たちはこの寺を東大寺と呼びます。］
　　　　　人など　　　　名詞　　　　「この寺」＝「東大寺」という関係。

・We call *the day* Malala Day. ［私たちはその日をマララ・デーと呼びます。］
　　　　　人など　　　　名詞　　　「その日」＝「マララ・デー」という関係。

◆「〜を…(の状態)にする」と言うときは，〈make＋〜(人など) ＋...(形容詞)〉の形を使う。

・His songs always make *us* happy. ［彼の歌はいつも私たちを幸せにします。］
　　　　　　　　　　　　人　形容詞　　　「私たち」＝「幸せな」という関係。

・That made *the teacher* very angry. ［それは先生をとても怒らせました。］
　　　　　　　人　　　　　形容詞　　　「先生」＝「とても怒った」という関係。

❸［let＋人など＋動詞の原形］

「〜が…するのを許す」「〜に…させてやる」と言うときは，〈let＋人など＋動詞の原形〉の形を使う。
　　　　　　┌─letの活用はlet-let-let。このletは過去形。

・My sister let *me* use her new bag. ［姉は私に彼女の新しいかばんを使わせてくれました。］
　　　　　　人　動詞の原形　　　　　　　「私が」「使う」のように，主語と述語の関係。

・Let *us* make a cake. ［私たちにケーキを作らせて。］
　　　人　動詞の原形　　　　　「私たちが」「作る」のように，主語と述語の関係。

Step 3 予想テスト   Reading 2

30分   /100点   目標 80点

❶ 日本語に合う英文になるように，＿＿＿に適切な語を書きなさい。[技]   20点（各完答5点）

❶ ノーベル平和賞はその大統領に授与されました。

The Nobel Peace Prize ＿＿＿＿ ＿＿＿＿ to the president.

❷ その会合で私に話させてください。

＿＿＿＿ me ＿＿＿＿ at the meeting.

❸ 彼は一日じゅう本を読み続けました。

He ＿＿＿＿ to ＿＿＿＿ books all day.

❹ 彼のことばはいつも私たちを幸せにさせます。

His words always ＿＿＿＿ us ＿＿＿＿.

❷ 日本語に合う英文になるように，（　）内の語句を並べかえなさい。[技]   18点（各6点）

❶ この地域は政府の支配下にあります。

(control / this area / under / is / the government's).

❷ 彼女の話を聞いていた生徒たちは驚きました。

(were / listening to / surprised / her story / the students).

❸ 彼は昨日，サッカーの練習をする代わりにつりに行きました。

He (soccer / instead / fishing / practicing / of / went) yesterday.

❸ 次の文を，受け身の文に書きかえなさい。[技]   12点（各6点）

❶ This movie moved him deeply.

❷ We can see many stars from here.

❹ 次の英文を読んで，あとの問いに答えなさい。[技]   29点

　　Malala ①(　　)(　　) in the Swat Valley of northern Pakistan. It was a very beautiful place. One day a Taliban group came to her town. After that, her life changed very much. People had no freedom. Girls could not go to school freely. "②When we went to school, (had / our / hide / we / under / to / books) our shawls," said Malala.

　　Malala wrote about the miserable life there in her blog. ③That made the Taliban very angry. Later, on October 9, 2012, a gunman ④(shoot) her on a school bus.

❶ 下線部①が「生まれた」という意味になるように, ( )に適切な語を書きなさい。 〈4点〉

❷ 下線部②の( )内の語を正しく並べかえて, 意味の通る文にしなさい。 〈7点〉

❸ 下線部③をThatの指す内容を具体的に示して, 日本語にしなさい。 〈7点〉

❹ 下線部④の( )内の語を適切な形にして書きなさい。 〈4点〉

❺ 次の質問に英語で答えなさい。 〈7点〉

Were people in the Swat Valley free after a Taliban group came there?

❺ 次の質問に, 自分の立場で1文の英語で答えなさい。表 21点(各7点)

❶ What are you called by your classmates?

❷ What makes you excited? (動名詞を主語にして答える)

❸ What is your dream for the future? (My dream is to 〜.の形で答える)

❶	❶		❷	
	❸		❹	
❷	❶			.
	❷			.
	❸ He			yesterday.
❸	❶			
	❷			
❹	❶			
	❷			
	❸			
	❹			
	❺			
❺	❶			
	❷			
	❸			

Step 1 基本チェック : Further Reading 1

⏱ 10分

■ 赤シートを使って答えよう！

❶ [現在完了（完了）] [ ]に適切な語を入れよう。

□❶ ユキとリサはちょうどブラウン先生と話したところです。
Yuki and Lisa [have] just talked with Mr. Brown.

□❷ 彼はもう自分の部屋を掃除しましたか。
Has he cleaned his room [yet]?

□❸ モモコはまだそのかぎを見つけていません。
Momoko hasn't found the key [yet].

❷ [現在完了（継続）／現在完了進行形] [ ]に適切な語を入れよう。

□❶ 私は長い間彼女に会っていません。
I [haven't] seen her for a long time.

□❷ あなたはどのくらいの間忙しいのですか。
How long have you [been] busy?

□❸ 私は昨年からずっと手話を習っています。
I've [been] learning a sign language since last year.

□❹ 彼女は 2 時間ずっと彼を待っています。
She has been [waiting] for him for two hours.

❸ [現在完了（経験）] [ ]に適切な語を入れよう。

□❶ パットはてんぷらを 2 回食べたことがあります。
Pat [has] eaten *tempura* twice.

□❷ 私は一度も北海道に行ったことがありません。
I have never [been] to Hokkaido.

□❸ あなたはこれまでにギターをひいたことがありますか。
[Have] you ever played the guitar?

❹ [〈make＋名詞〉→動詞] [ ]に適切な語を入れよう。

□❶ 2 人の日本人科学者がその発見をしました。
Two Japanese scientists made the [discovery].

□❷ 彼女はパーティーでスピーチをする予定です。
She is going to make a [speech] at the party.

解答欄

❶
❷
❸

❶
❷
❸
❹

❶
❷
❸

❶
❷

POINT

❶［現在完了（完了）］

「（ちょうど）〜したところだ」「（すでに）〜してしまった」とものごとが現在の時点で完了した状態であることを表すときは，〈have[has]＋過去分詞〉の形を使う。

・I have *already* learned a lot about the history of Okinawa.

〈have＋過去分詞〉　　　　　　　　　　　　　　　　　　［私は沖縄の歴史についてすでに多くのことを学びました。］

完了を表す現在完了では，just「ちょうど」，already「（肯定文で）すでに」，yet「（否定文で）まだ，（疑問文で）もう」などがよく使われる。

❷［現在完了（継続）／現在完了進行形］

◆「（ずっと）〜している」「（ずっと）〜である」と現在までの状態の継続を表すときは，〈have[has]＋過去分詞〉の形を使う。

・We've been friends *since* last year.　［私たちは昨年からずっと友だちです。］

〈have＋過去分詞〉

◆ 現在完了進行形

「（ずっと）〜している」と現在までの動作の継続を表すときは，〈have[has] been＋動詞の-ing形〉の形で表すことが多い。

・She has been crying *since* this morning.　［彼女は今朝からずっと泣いています。］

〈has been＋動詞の-ing形〉

継続を表す現在完了では，since「〜以来，〜から」やfor「〜の間」がよく使われる。

❸［現在完了（経験）］

「（今までに）〜したことがある［ない］」と現在までの経験を表すときは，〈have[has]＋過去分詞〉の形を使う。

・I've visited Kyoto *three times*.　［私は京都を3回訪れたことがあります。］

〈have＋過去分詞〉

・Yuki has been to Osaka once.　［ユキは一度大阪に行ったことがあります。］

└── have[has] been to 〜で「〜に行ったことがある」という意味を表す。

経験を表す現在完了では，before「以前に」，ever「これまでに」，never「一度も〜ない」，once「一度，かつて」，twice「2回」，〜 times「〜回」などがよく使われる。

❹［〈make＋名詞〉→動詞］

〈make＋名詞〉で，「〜する」という1つの動詞のような意味になる。

・The winner makes a speech at the ceremony every year.

「スピーチをする」→speak　　　　　　　　　　　　　　　　　［受賞者は毎年，式典でスピーチをします。］

・They made a new discovery about the star.　［彼らはその星について新しい発見をしました。］

「発見する」→discover

Step 3 予想テスト : Further Reading 1

30分 /100点 目標 80点

❶ 日本語に合う英文になるように，____に適切な語を書きなさい。 技 　　20点(各完答5点)

❶ ホールは聴衆でいっぱいだった。

The hall _____ _____ with audience.

❷ ところであなたはその仕事でいくらお金をもらうのですか。

_____ the _____, how much money do you get for the job?

❸ あなたはこれまでにバイオリンをひいたことがありますか。

_____ you _____ _____ the violin?

❹ 私たちは一度も鹿児島へ行ったことがありません。

We _____ _____ _____ to Kagoshima.

❷ 日本語に合う英文になるように，（ ）内の語句を並べかえなさい。 技 　　18点(各6点)

❶ 彼らはちょうど空港に着いたところです。

(just / at / they / the airport / arrived / have).

❷ 私はまだ明日のテストのために勉強していません。

I (test / tomorrow's / for / studied / yet / haven't).

❸ 彼は子どものころからずっと書道を習っています。

(been / calligraphy / since / has / he / learning) he was a child.

❸ 各組の文がほぼ同じ内容になるように，____に適切な語を書きなさい。 技 12点(各完答6点)

❶ Ken went to New York last Saturday. He is still there.

Ken _____ _____ in New York since last Saturday.

❷ She spoke at the U.N. last month.

She _____ a _____ at the U.N. last month.

❹ 次の英文を読んで，あとの問いに答えなさい。 技 　　34点

　　Have you ①(hear) of the Ig Nobel Prize? It started in 1991 as a parody of the Nobel Prize. The awards go to ②"improbable research"; in other words, they celebrate the unusual studies in science. Those studies look silly at first, but they are all serious studies.

　　③Over the years, the Prize (popular / the world / has / throughout / become). Surprisingly, Japanese scientists have been very successful in winning the awards. For example, in 2004, the Ig Nobel Peace Prize was given to Mr. Inoue Daisuke for inventing *karaoke*. Many other Japanese people have received the awards ④in the ( ) ( ). Actually, ⑤Japanese scientists have been winning the Ig Nobel Prize for more than 10 years in a row.

❶ 下線部①の（　）内の語を適切な形にして書きなさい。 〈6点〉

❷ 下線部②と同じ内容を表す語句を，本文中から5語で抜き出して書きなさい。 〈7点〉

❸ 下線部③の（　）内の語句を正しく並べかえて，意味の通る文にしなさい。 〈7点〉

❹ 下線部④が「最近は」という意味になるように，（　）に適切な語を書きなさい。 〈7点〉

❺ 下線部⑤を日本語にしなさい。 〈7点〉

❺ 次の文を，指示に従って英語で書きなさい。 表 　16点（各8点）

❶「私は〜へ…回行ったことがあります」という，今までの経験を表す文。

❷「私は…の間ずっと〜しています」という，現在までの動作の継続を表す文。

❶	❶		❷		
	❸				
	❹				
❷	❶				.
	❷ I				.
	❸			he was a child.	
❸	❶		❷		
❹	❶				
	❷				
	❸				
	❹				
	❺				
❺	❶				
	❷				

Step 1 基本チェック : Further Reading 2

⏱ 10分

■ 赤シートを使って答えよう!

❶ [疑問詞＋to＋動詞の原形] [ ]に適切な語を入れよう。

解答欄

□❶ 私は何を言えばいいのかわかりませんでした。

I didn't know [what] to say.

□❷ 私はどこでサッカーを練習すればよいか知っています。

I know [where] to practice soccer.

□❸ 私はいつ率直に意見を述べればよいか知っていました。

I knew [when] to speak out.

□❹ 彼女は私にその箱の開け方を教えてくれました。

She told me [how] to open the box.

❶ _____

❷ _____

❸ _____

❹ _____

❷ [mightを用いた表現] [ ]に適切な語を入れよう。

□❶ あなたはそれを捨てたほうがよいです。

You might as [well] throw it away.

□❷ あなたは病院に行ったほうがよいです。

You might [as] well go to a hospital.

□❸ あなたはピアノを練習しておいたほうがよいかもしれません。

You might [like] to practice the piano.

❶ _____

❷ _____

❸ _____

❸ [前置詞＋〜ing] [ ]に適切な語を入れよう。

□❶ 彼はときどき朝食を食べないで学校へ行きます。

He sometimes goes to school [without] eating breakfast.

□❷ 私に電話をしてくれてありがとう。

Thank you for [calling] me.

□❸ あなたは自転車に乗ることに慣れましたか。

Did you get used [to] riding a bike?

❶ _____

❷ _____

❸ _____

❹ [seem＋形容詞] [ ]に適切な語を入れよう。

□❶ 彼は親しみやすそうに見えます。

He [seems] friendly.

□❷ 彼女は怒っているように見えます。

She seems [angry].

❶ _____

❷ _____

POINT

❶ ［疑問詞＋to＋動詞の原形］

〈what to＋動詞の原形〉で「何を〜したらよいか」という意味を表す。ほかにも，when to 〜，where to 〜，how to 〜などがある。

・I don't know <u>what to</u> do next.　［私は次に何をしたらよいかわかりません。］
　　　　　　　　〈what to＋動詞の原形〉「何を〜したらよいか」

・Do you know <u>when to</u> start?　［いつ出発すればよいかあなたは知っていますか。］
　　　　　　　　〈when to＋動詞の原形〉「いつ〜したらよいか」

・Please tell me <u>where to</u> go.　［どこへ行ったらよいか私に教えてください。］
　　　　　　　　〈where to＋動詞の原形〉「どこへ〜したらよいか」

・I want to know <u>how to</u> make pizza.　［私はピザの作り方を知りたいです。］
　　　　　　　　〈how to＋動詞の原形〉「〜の仕方」

❷ ［mightを用いた表現］

〈might as well＋動詞の原形〉で「〜するほうがよい」という意味を表す。

・You <u>might as well</u> forget it.　［あなたはそれを忘れたほうがよい。］
　　　　〈might as well＋動詞の原形〉

〈might like to＋動詞の原形〉で「〜しておいたほうがよいかもしれない」という意味を表す。

・You <u>might like to</u> begin a different job.　［あなたは違う仕事を始めたほうがよいかもしれません。］
　　　　〈might like to＋動詞の原形〉

❸ ［前置詞＋〜ing］

withやatのような前置詞のあとに，動詞の意味が続くときは動名詞を使う。

・She went out without <u>saying</u> bye to me.　［彼女は私にさようならも言わないで出て行きました。］
　　　　　　　　without 〜ing「〜しないで」

・I take a bath after <u>watching</u> TV.　［私はテレビを見たあとで，ふろに入ります。］
　　　　　　　　after 〜ing「〜したあとで」

・Did Tom get used to <u>eating</u> Japanese food?　［トムは日本食を食べることに慣れましたか。］
　　　　　　　〈get used to＋〜ing〉「〜することに慣れる」 このtoは前置詞。

❹ ［seem＋形容詞］

〈seem＋形容詞〉で「〜のように見える」という意味を表す。

・She seems <u>honest</u>.　［彼女は正直なように見えます。］
　　　　〈seem＋形容詞〉

Step 3 予想テスト **Further Reading 2**

30分　/100点　目標 80点

❶ 日本語に合う英文になるように，____に適切な語を書きなさい。技　18点（各完答6点）

❶ あなたは明日の朝，できるだけ早く起きなければなりません。

You must get up _____ _____ as you _____.

❷ 彼はやっとそこで働くことに慣れました。

He finally _____ _____ _____ working there.

❸ 彼女は結局は，そんなにはそれがほしくはありませんでした。

She didn't really _____ it _____ _____.

❷ 日本語に合う英文になるように，（　）内の語句を並べかえなさい。技　18点（各6点）

❶ 私は動物が周りにいると幸せです。I'm (animals / happy / have / when / around / I).

❷ 彼は昨日，ふろに入らずに寝ました。

(bed / taking / he / to / a bath / without / went) yesterday.

❸ あなたは自分の部屋を掃除しておいたほうがよいかもしれません。

(might / clean / to / you / like / your) room.

❸ 次の英文の（　）に入る最も適切な語を選んで，記号で答えなさい。技　10点（各5点）

❶ It is not easy for me to get (　　) with other people.

ア on　　イ around　　ウ into　　エ along

❷ I can't ski. I can't skate, (　　).

ア too　　イ either　　ウ so　　エ neither

❹ 次の英文を読んで，あとの問いに答えなさい。技　34点

　　Miss Merriweather came out of her office. "Who is making that noise?" she demanded. "It's the lion," said Mr. McBee. Miss Merriweather marched over to the lion. "If you cannot be quiet, you will have to leave," she said in a stern voice. "①Those are the rules!" The little girl tugged on Miss Merriweather's dress. "If he promises to be quiet, can he come back for story hour tomorrow?" she asked. Miss Merriweather said, "Yes. ②A nice, quiet lion would certainly be allowed to come back for story hour tomorrow."

　　The next day, the lion came back. "You are early," said Miss Merriweather. "Story hour is not ③(　　) three o'clock." The lion did not budge. "Very well," said Miss Merriweather. "④(might / make / well / yourself / as / useful / you)." She sent him off to dust the encyclopedias

⑤<u>(　　)</u> it was time for story hour.

❶ 下線部①が指す内容を日本語で答えなさい。　(7点)
❷ 下線部②を日本語にしなさい。　(7点)
❸ 下線部③と⑤の(　)に共通して入る語を書きなさい。　(6点)
❹ 下線部④が「あなたは自分自身を役に立つようにするほうがよい」という意味になるように，(　)内の語を正しく並べかえなさい。　(7点)
❺ 本文の内容に合うように，＿＿に適切な語句を書きなさい。　(7点)
　＿＿＿ told Miss Merriweather who was making that noise.

❺ 次のようなとき，英語でどのように言えばよいですか。表　20点(各10点)
❶ 電話(the phone)の使い方を教えてほしいとき。(how to 〜を使って)
❷ 自分はピアノをひくのが得意だと言うとき。(be good atを使って)

❶	❶		
	❷		
	❸		
❷	❶ I'm		.
	❷		yesterday.
	❸		room.
❸	❶	❷	
❹	❶		
	❷		
	❸		
	❹		.
	❺		
❺	❶		
	❷		

Further Reading 2

変化形のつくり方

❶ 名詞の複数形

	▼ 変化の仕方	▼ 例
下記以外の名詞	s をつける	book ➡ books [s] pen ➡ pens [z] orange ➡ oranges [iz]
s, x, sh, ch で終わる名詞	es をつける	glass ➡ glasses [iz]
<子音字※＋ o >で終わる名詞	es をつける	tomato ➡ tomatoes [z]
<子音字＋ y >で終わる名詞	y を i に変えて es をつける	cherry ➡ cherries [z]
f または fe で終わる名詞	f, fe を v に変えて es をつける	leaf ➡ leaves [z]

※子音字＝母音字 (a, e, i, o, u)以外の文字

❷ 3人称・単数・現在の動詞の形

	▼ 変化の仕方	▼ 例
下記以外の動詞	s をつける	like ➡ likes [s] play ➡ plays [z]
s, o, x, sh, ch で終わる動詞	es をつける	go ➡ goes [z] teach ➡ teaches [iz]
<子音字＋ y >で終わる動詞	y を i に変えて es をつける	study ➡ studies [z]

❸ 動詞の ing 形

	▼ 変化の仕方	▼ 例
下記以外の動詞	ing をつける	play ➡ playing
e で終わる動詞	e をとって ing をつける	take ➡ taking
<短母音＋子音字>で終わる動詞	最後の文字を重ねて ing をつける	swim ➡ swimming

❹ 動詞の過去形（規則動詞）

	▼ 変化の仕方	▼ 例
下記以外の動詞	ed をつける	play ➡ played [d] cook ➡ cooked [t] want ➡ wanted [id]
e で終わる動詞	d をつける	arrive ➡ arrived [d]
<短母音＋子音字>で終わる動詞	最後の文字を重ねて ed をつける	stop ➡ stopped [t]
<子音字＋ y >で終わる動詞	y を i に変えて ed をつける	study ➡ studied [d]

❺ 動詞の過去形（不規則動詞）

	▼ 変化の仕方	▼ 例
不規則動詞	不規則に変化する	am, is ➡ was are ➡ were buy ➡ bought do ➡ did get ➡ got go ➡ went have ➡ had see ➡ saw

形容詞・副詞比較変化表

※特に重要な語を太字で示しています。

❶ -er, -est をつける

▼ 原級	▼ 比較級	▼ 最上級
cheap (安い)	cheaper	cheapest
clean (きれいな)	cleaner	cleanest
cold (寒い)	colder	coldest
cool (かっこいい)	cooler	coolest
fast (速い)	faster	fastest
few (少しの)	fewer	fewest
great (すばらしい)	greater	greatest
hard (難しい)	harder	hardest
high (高い)	higher	highest
light (軽い)	lighter	lightest
long (長い)	longer	longest
low (低い)	lower	lowest
near (近い)	nearer	nearest
new (新しい)	newer	newest
old (古い)	older	oldest
short (短い)	shorter	shortest
small (小さい)	smaller	smallest
soon (すぐに)	sooner	soonest
strong (強い)	stronger	strongest
tall (高い)	taller	tallest
warm (あたたかい)	warmer	warmest
weak (弱い)	weaker	weakest
young (若い)	younger	youngest

❷ -r, -st をつける

▼ 原級	▼ 比較級	▼ 最上級
close (近い)	closer	closest
large (大きい)	larger	largest
late (遅れた)	later	latest
nice (すてきな)	nicer	nicest

❸ 語尾の y を i に変えて -er, -est をつける

▼ 原級	▼ 比較級	▼ 最上級
busy (忙しい)	busier	busiest
early (早い)	earlier	earliest
easy (簡単な)	easier	easiest
happy (幸せな)	happier	happiest
heavy (重い)	heavier	heaviest

❹ 語尾の子音を重ねて -er, -est をつける

▼ 原級	▼ 比較級	▼ 最上級
big (大きい)	bigger	biggest
hot (暑い)	hotter	hottest

❺ 不規則に変化する

▼ 原級	▼ 比較級	▼ 最上級
bad (悪い)	worse	worst
good, well (よい)	better	best
little (小さい, 少ない)	less	least
many, much (多い)	more	most

❻ more, most を置く

▼ 原級	▼ 比較級	▼ 最上級
beautiful (美しい)	more beautiful	most beautiful
careful (注意して)	more careful	most careful
difficult (難しい)	more difficult	most difficult
exciting (わくわくさせる)	more exciting	most exciting
expensive (高い)	more expensive	most expensive
famous (有名な)	more famous	most famous
important (重要な)	more important	most important
interesting (興味深い)	more interesting	most interesting
popular (人気のある)	more popular	most popular
quickly (すばやく)	more quickly	most quickly
slowly (遅く)	more slowly	most slowly
useful (役に立つ)	more useful	most useful
wonderful (すばらしい)	more wonderful	most wonderful

不規則動詞変化表

▼ 原形	▼ 現在形	▼ 過去形	▼ 過去分詞	▼ ing 形
A・A・A型				
cut (切る)	cut(s)	cut	cut	cutting
put (置く)	put(s)	put	put	putting
read (読む)	read(s)	read	read	reading
A・B・A型				
become (なる)	become(s)	became	become	becoming
come (来る)	come(s)	came	come	coming
run (走る)	run(s)	ran	run	running
A・B・B型				
bring (持ってくる)	bring(s)	brought	brought	bringing
build (建てる)	build(s)	built	built	building
buy (買う)	buy(s)	bought	bought	buying
find (見つける)	find(s)	found	found	finding
get (手に入れる)	get(s)	got	got, gotten	getting
have (持っている)	have, has	had	had	having
hear (聞く)	hear(s)	heard	heard	hearing
keep (保つ)	keep(s)	kept	kept	keeping
leave (出発する)	leave(s)	left	left	leaving
make (作る)	make(s)	made	made	making
meet (会う)	meet(s)	met	met	meeting
say (言う)	say(s)	said	said	saying
teach (教える)	teach(es)	taught	taught	teaching
tell (話す)	tell(s)	told	told	telling
think (思う)	think(s)	thought	thought	thinking
A・B・C型				
be (〜である)	am, is, are	was, were	been	being
begin (始まる, 始める)	begin(s)	began	begun	beginning
do (する)	do, does	did	done	doing
draw (描く)	draw(s)	drew	drawn	drawing
drink (飲む)	drink(s)	drank	drunk	drinking
eat (食べる)	eat(s)	ate	eaten	eating
give (与える)	give(s)	gave	given	giving
go (行く)	go(es)	went	gone	going
know (知っている)	know(s)	knew	known	knowing
see (見る)	see(s)	saw	seen	seeing
sing (歌う)	sing(s)	sang	sung	singing
speak (話す)	speak(s)	spoke	spoken	speaking
swim (泳ぐ)	swim(s)	swam	swum	swimming
take (持っていく)	take(s)	took	taken	taking
write (書く)	write(s)	wrote	written	writing

テスト前 ☑ やることチェック表

① まずはテストの目標をたてよう。頑張ったら達成できそうなちょっと上のレベルを目指そう。
② 次にやることを書こう（「ズバリ英語〇ページ，数学〇ページ」など）。
③ やり終えたら□に✔を入れよう。
　　最初に完ぺきな計画をたてる必要はなく，まずは数日分の計画をつくって，
　　その後追加・修正していっても良いね。

目標

	日付	やること1	やること2
2週間前	／	☐	☐
	／	☐	☐
	／	☐	☐
	／	☐	☐
	／	☐	☐
	／	☐	☐
	／	☐	☐
1週間前	／	☐	☐
	／	☐	☐
	／	☐	☐
	／	☐	☐
	／	☐	☐
	／	☐	☐
	／	☐	☐
テスト期間	／	☐	☐
	／	☐	☐
	／	☐	☐
	／	☐	☐
	／	☐	☐

キリトリ線

英語3年　開隆堂版

テスト前 ☑ やることチェック表

① まずはテストの目標をたてよう。頑張ったら達成できそうなちょっと上のレベルを目指そう。
② 次にやることを書こう（「ズバリ英語○ページ，数学○ページ」など）。
③ やり終えたら□に✔を入れよう。
  最初に完ぺきな計画をたてる必要はなく，まずは数日分の計画をつくって，
  その後追加・修正していっても良いね。

目標

	日付	やること1	やること2
2週間前	／	□	□
	／	□	□
	／	□	□
	／	□	□
	／	□	□
	／	□	□
	／	□	□
1週間前	／	□	□
	／	□	□
	／	□	□
	／	□	□
	／	□	□
	／	□	□
	／	□	□
テスト期間	／	□	□
	／	□	□
	／	□	□
	／	□	□
	／	□	□

開隆堂版 英語3年 サンシャイン ｜ 定期テスト ズバリよくでる ｜ 解答集

PROGRAM 1 ～ Steps 1

pp.4～5　Step ❷

❶ ❶ ホッチキス　❷ (時間を)過ごす
　❸ 腹痛, 胃痛　❹ 薬　❺ 配達
　❻ 発行[出版]する　❼ colorful　❽ own
　❾ different　❿ relay
　⓫ fantastic　⓬ noon

❷ ❶ イ　❷ ア

❸ ❶ エ　❷ ウ

❹ ❶ for me　❷ glad, found
　❸ told me to　❹ want me to

❺ ❶ off　❷ in　❸ without
　❹ for　❺ at

❻ ❶ It, fun to
　❷ surprised that

❼ ❶ (Is) it important for him to join (the meeting?)
　❷ I'm afraid that you are busy(.)
　❸ (I) asked her to go shopping right (now.)

❽ ❶ I want you to play the guitar.
　❷ I'm[I am] sure (that) you'll[you will] be[become] a good teacher.

考え方

❶ ❸ stomach「胃, おなか」+ ache「痛み」で, stomachache「腹痛, 胃痛」。-ache のつく語はほかにも, headache「頭痛」, toothache「歯痛」などがある。
　❺ 動詞形は deliver「配達する」。

❷ ❷ journal には「新聞」という意味がある。「～を行う人, ～に関係している人」という意味の -ist をつけて, 「ジャーナリスト, 報道記者」という意味になっている。

❸ ❶ take a shower で「シャワーを浴びる」。「ふろに入る」は take a bath。

「私は毎朝シャワーを浴びます。」
　❷ have には「(病気などに)かかる」という意味がある。have a headache で「頭痛がする」。

❹ ❶ 「(人)にとって…するのは～である」は〈It is ～ for+人+ to ....〉で表す。
　❷ 「うれしい」は glad。that のあとは〈主語+動詞～〉が続く。find「見つける」の過去形は found。
　❸ tell の過去形は told。tell-told-told
　❹ You want me to help you. の疑問文を作る。

❺ ❷ in this way の way は, 「方法」の意味。直訳すると, 「この方法で」。
　❺ two hours a day は, 「1日に(つき)2時間」という意味。

❻ ❶ To ... is ～. = It is ～ to ....「…するのは～である」 go fishing は「つりに行く」。
　「つりに行くことは楽しいです。」
　❷ I'm surprised to ～.「私は～して驚いています」を〈I'm surprised that+主語+動詞～.〉の形に書きかえる。

❼ ❶ 〈It is ～ for+人+ to ....〉「(人)が…するのは～である」の疑問文は, be 動詞の文と同じ方法で作る。
　❷ 「私は～ではないかと心配です」は I'm afraid that ～. の形で表す。that のあとに心配している内容がくる。
　❸ 「～に…するように頼む」は〈ask+～+ to +動詞の原形〉。ask には「たずねる」と「頼む」の意味がある。

❽ ❶ 「～に…してほしいと思う」は〈want+～+ to +動詞の原形〉。
　❷ 「私は～と確信している」は I'm sure (that) ～. の形で表す。

pp.6〜7 **Step ❸**

❶ ❶ difficult for her

❷ told me to

❸ I'm sure, will

❷ ❶ (My father) always tells me to eat (vegetables.)

❷ (I) was surprised you played the (piano.)

❸ (We) want Lisa to read English (books for us.)

❸ ❶ ウ ❷ エ

❹ ❶ of

❷ available at train stations

❸ 駅弁の種類が(日本では)2,000種類以上もあること。

❹ 旅行でお気に入りの駅弁を見つけることは楽しいです。

❺(例)

❶ It is easy (for me) to play soccer.

❷ It is important (for me) to study English.

❸ I want my father to buy a camera.

❹ I'm glad that I met[saw] you.

考え方

❶ ❶「(人)が…することは〜だった」なので,〈It was 〜 for＋人＋to ....〉。

❷「〜に…するように言った」なので,〈told＋〜＋to＋動詞の原形〉。

❸「私は〜ということを確信している」は,〈I'm sure (that)＋主語＋動詞 〜.〉。that以下は,これからのことなのでwillを使う。

❷ ❶ always「いつも」は動詞tellsの前に置く。

❷「〜なので驚く」は〈主語＋be動詞＋surprised＋that 〜.〉の語順で表す。

❸「〜に…してほしいと思う」は〈want＋〜＋to＋動詞の原形〉の語順で表す。

❸ ❶ 少年：熱があるんだ。

少女：すぐ病院に行ったらどう？

Why don't you 〜? で「〜したらどうです

か」という意味になる。

❷ 女性：疲れているように見えますよ。

男性：寒気がします。薬を持ってきてください。

Bring some medicine.で「薬を持ってきてください」の意味。

❹ ❶ hear of 〜で「〜のことを耳にする」。

❷ 下線部②は「それは,鉄道の駅で買うことができる弁当です」という意味になる。availableは「入手できる」という意味。ここでは「買うことができる,購入できる」と考えればよい。availableは名詞のあとに置かれることが多い。

❸ That many?は「そんなに多く？」。直前のMaoの発言を受けて「弁当の種類がそんなに多いの？」と言っている。

❹ It's 〜 to ....で「…するのは〜である」。on a tripは「旅行で」。

❺ ❶ It is easy (for me) to play 〜.「(私が)〜(スポーツ名)をするのはかんたんです」の文にする。swim「泳ぐ」などを使って表してもよい。

❷ It is important (for me) to study 〜.「(私が)〜(科目)を勉強するのは重要です」の文にする。

❸ I wantのあとに「家族のだれか」を置いて,そのあとに買ってもらいたいものをto buy 〜で表す。

❹ I'm glad thatのあとは〈主語＋動詞〜〉で表す。「あなたに会えて」なのでI met[saw] youを続ける。

PROGRAM 2 ～ Power-Up 1

pp.9～11　Step ❷

❶ ❶竹　❷今夜(は)　❸脳
　❹影響を及ぼす　❺改善する，向上させる
　❻不足　❼bright　❽result
　❾habit　❿energy　⓫minute　⓬sign

❷ ❶×　❷○　❸×

❸ ❶ウ　❷イ　❸ウ

❹ ❶no idea　❷shouldn't eat
　❸long enough

❺ ❶of　❷though
　❸for　❹As

❻ ❶your birthday is　❷you have
　❸what, bought　❹you can dance
　❺he would visit

❼ ❶(例) I usually sleep six hours.
　❷Yes, I have.
　❸He is out now.
　❹Yes, please.

❽ ❶私はあなたが何のスポーツが好きか知りたいです。
　❷私たちはあなた(たち)が何時に出発するつもりか知りません。
　❸彼女はあなたに銀行がどこにあるか教えるでしょう。
　❹私はそのニュースが間違っていることをあなたに示しましょう。

❾ ❶He knows what this is(.)
　❷I don't know how Lisa went there(.)
　❸I remember who he is(.)
　❹Do you know what I like(?)

❿ ❶Do you know what he was doing there?
　❷Please tell me where you found this cat.
　❸My father tells me (that) friends are important.

──────────

考え方

❶ ❹affectの発音は[əfékt]。つづりの似ている

effect「効果」の発音は[ifékt]。
　❻lack of ～で「～の不足」という意味。
❷ ❶walkerは[ɔ:]，lackは[æ]。
　❷tightもlibraryも[ai]で，発音は同じ。
　❸loseは[u:]，bodyは[ɑ]。
❸ ❶「今夜は9時に寝るつもりです」という意味になる。nightは「夜」という意味しかないので不適切。
　❷screenはテレビやスマートフォンの「画面」。「何も見えません！テレビの画面が真っ黒です。」
　❸fall asleepで「眠りに落ちる，寝入る」。fellはfallの過去形。
　　A：あなたは昨夜，よく眠りましたか。
　　B：はい。かんたんに眠りに落ちました。
❹ ❶have no ideaで「わからない」。
　　問題文は主語が3人称単数なので，has no ideaとなっている。
　❷「～すべきである」はshould。「～すべきではない」はshould not。短縮形はshouldn't。
　❸副詞のenough「十分に」は，形容詞や副詞のあとに置かれる。
❺ ❶be full of ～で「～でいっぱいである」。「その箱はチョコレートでいっぱいです。」
　❷even though ～で「たとえ～ではあっても」。「たくさん食べても，彼はおなかがすいていました。」
　❸make up for ～で「～を補う」。「時間を補うことは，難しいです。」
　❹as a resultで「その結果として」。「その結果として，私はそれを買うことができませんでした。」
❻ ❶What is this?などのbe動詞の疑問文がI knowなどのあとにくるときは，I know what this is.のように〈疑問詞＋主語＋be動詞〉の語順になる。
　❷❸When did you buy it?などの一般動詞の疑問文がI knowなどのあとにくるときは，I know when you bought it.のようにdo, does, didがなくなる。動詞の形を主語や時制に合わせることにも注意する。

④ Show us（＋that）＋You can dance.と考える。「あなたが踊ることができるということを私たちに示してください」という意味になる。

⑤ Mike told me（＋that）＋He will visit my family.と考える。toldはtellの過去形なので，willをwouldと過去形にする。「マイクは私に，私の家族を訪れるだろうと言いました」という意味になる。

❼ ① 「あなたはふつう夜にどのくらい長く眠りますか」という質問。

② 「あなたは午前中に，眠いと感じたことがありますか」という質問。現在完了形の疑問文なのでhaveを使って答える。

③ 「ショウと話したいのですが」という意味。

④ 「伝言を受けましょうか」という意味。

❽ ① I want to know ＋What sport do you like?と考える。

② We don't know ＋What time are you going to leave?と考える。

③ She will tell you ＋ Where is the bank?と考える。

④ I'll show you（＋that）＋The news is wrong.と考える。I'llはI willの短縮形。

❾ ① 「彼は〜知っています」なのでHe knowsで始める。「これが何か」は〈疑問詞＋主語＋動詞〉で表す。

② 「私は〜知りません」なのでI don't knowで始める。「リサがどうやってそこへ行ったのか」は〈疑問詞＋主語＋動詞〉で表す。

③ 「私は〜覚えています」なのでI rememberで始める。「彼がだれなのか」は〈疑問詞＋主語＋動詞〉で表す。

④ 「あなたは〜知っていますか」なのでDo you knowで始める。「私が何を好きなのか」は〈疑問詞＋主語＋動詞〉で表す。

❿ ① 「あなたは〜知っていますか」なのでDo you know 〜?の形。knowのあとに「彼がそこで何をしていたのか」を〈疑問詞＋主語＋be動詞の過去形＋動詞の-ing形〉の過去進行形の形で続ける。

② 「〜を私に教えてください」なのでPlease tell me 〜.の形。tell meのあとに「あなたがどこでこのネコを見つけたのか」を〈疑問詞＋主語＋動詞〉の語順で続ける。

③ 「父は私に〜と言います」なのでMy father tells me 〜.の形。tells meのあとに「友だちは大切だ（ということ）」を〈（that＋）主語＋動詞〉の語順で続ける。

pp.12〜13　Step ❸

❶ ① where he plays
② she will come
③ he was reading

❷ ① (Please) show me this is good (medicine.)
② (I don't know) why Pat likes baseball(.)
③ (My mother) always tells us time is important(.)

❸ ① ウ　② エ

❹ ① going to bed
② 夜に光っている[明るい]画面を見ると，脳が昼だと思ってしまうから。
③ to see how good sleep improves
④ その結果は私たちに，人々は昼寝のあとはよりよく働くことができることを教えてくれます。
⑤ They have introduced a short nap time early in the afternoon.

❺ (例)
① Could you tell me how to get to Minami Station?
② It will take about one hour from here.
③ Change trains at Kita Station.

──────────

考え方

❶ ① 「彼がどこでテニスをするのか」を〈疑問詞where＋主語＋動詞〉で表す。主語がheで現在の文なのでplaysと-sをつける。

② 「彼女がいつここに来るつもりなのか」を〈疑問詞when＋主語＋動詞〉で表す。「来るつもりなのか」はこれからのことなのでwill

4

comeとなる。

❸ 「彼がそのとき何を読んでいたのか」なので〈疑問詞 what + 主語 + be 動詞の過去形 + 動詞の -ing 形〉で表す。「そのとき〜していた」は過去進行形になる。

❷ ❶ 「〜ということを私に示してください」は Please show me (that) 〜.の形。

❷ know のあとは〈疑問詞 + 主語 + 動詞〉の語順。

❸ 頻度を表す always「いつも」は，ふつう一般動詞の前に置く。

❸ ❶ ボブ：おかあさんはどこにいる？
ボブの姉[妹]：あそこだよ。
over there 「あそこに，向こうに」
Here you are.は，「はい，どうぞ」と相手にものを手渡すときに使う表現。

❷ 少女：私のラケットがどこにあるか知ってる？
少年：知らないよ。なくしたの？
lose ＝「失う，なくす」

❹ ❶ 空所の数より，この before「〜より前に」は前置詞なのであとにくる動詞は動名詞になる。「寝る」＝ go to bed

❷ その理由は直前の文に示されている。

❸ 〈start to + 動詞の原形〉＝「〜し始める」
good sleep ＝「よい睡眠」

❹ 〈tell + 人 + that 〜〉＝「（人）に〜ということを教える」

❺ 「いくつかの会社は何を導入しましたか」という質問。

❺ ❶ Could you tell me 〜?「私に〜を教えていただけませんか」で始める。「〜の仕方」＝ how to 〜

❷ 時間を表すときの主語 it で始める。〈It will take + 時間.〉で「（時間が）かかる」の意味になる。

❸ 「電車を乗りかえる」＝ change trains
乗りかえるということは電車に 2 回乗るので trains となる。

PROGRAM 3 〜 Power-Up 2

pp.16〜17　**Step ❷**

❶ ❶ 島　❷ 領収書，レシート
❸ 大洋，海　❹ 笑う　❺ 風
❻ 絵，絵画　❼ survive　❽ power
❾ luck　❿ boat
⓫ tournament　⓬ fashion

❷ ❶ ア　❷ ア

❸ ❶ excited　❷ was born
❸ should, rest

❹ ❶ for　❷ in　❸ as
❹ up　❺ around

❺ ❶ 私はあなたが箱を運ぶのを手伝います。
❷ その試合はソフトボールを世界でより人気にしました。
❸ 日本ではそれをパソコンと呼ぶのですか。
❹ 私は音楽だけでなくスポーツも（また）好きです。

❻ ❶ I always call her Meg(.)
❷ He made me wait for one (hour.)
❸ Let me know her hobby(.)
❹ We named our baby Mayu(.)

❼ ❶ My mother let me go to the concert.
❷ We usually call him Alex.
❸ His letter makes them sad.
[His letters make them sad.]

考え方

❶ ❺ 形容詞形は windy「風のある，風の強い」。
❻ paint は「描く」という意味の動詞。-ing がついて名詞になっている。
❽ 形容詞形は powerful「力強い，強力な」。
❾ 形容詞形は lucky「幸運な，運のよい」。

❷ ❶ 日本語の「ダメージ」は，英語とアクセントの位置が異なるので注意。

❸ ❶ 「興奮する」＝ get excited
❷ 「生まれる」＝ be born
❸ 「〜すべき」は〈should + 動詞の原形〉で表す。「休む」＝ get rest

❹ ❶ exchange 〜 for ...で「〜を…に交換する」。

「彼は，そのレンズを新しいものに交換しました。」

❷ hand in 〜で「〜を提出する」。「私たちは，明日そのレポートを提出します。」

❸ as you knowで「ご存じのように」。「ご存じのように，富士山は日本で一番高い山です。」

❹ dress upで「着飾る」。「パーティーに行くときは着飾らなければなりません。」

❺「夏休みは，もう間もなくです[近づいています]。」

❺❶〈help＋人など＋動詞の原形〉＝「〜が…するのを手伝う」

❷〈make＋〜（人など）＋…（形容詞）〉＝「〜を…（の状態に）する」

❸〈call＋〜（人など）＋…（名詞）〉＝「〜を…と呼ぶ」

❹ not only 〜 but also …「〜だけでなく…も（また）」

❻❶ alwaysはcallの前に置く。「〜を…と呼ぶ」は〈call＋〜（人など）＋…（名詞）〉の語順にする。

❷「私を待たせる」は〈make＋人など＋動詞の原形〉で表す。

❸「私に知らせて」は〈let＋人など＋動詞の原形〉の語順で表す。命令文なので，主語は省かれている。

❹「〜を…と名づける」は〈name＋〜（人など）＋…（名詞）〉の語順にする。

❼❶〈let＋人など＋動詞の原形〉の形を使う。「許してくれました」なので過去形のletを使う。「コンサート」＝concert

❷ usually「たいてい」はcallの前に置く。「彼をアレックスと呼ぶ」は〈call＋〜（人など）＋…（名詞）〉の形を使う。

❸「彼女たちを悲しくさせる」は〈make＋〜（人など）＋…（形容詞）〉の形を使う。主語「彼の手紙」はHis letterまたはHis lettersで表せばよい。現在の文なので，His letterの場合は動詞をmakesにすることに注意する。「悲しい」＝sad

pp.18〜19　Step ❸

❶❶ to keep, clean
❷ always makes me
❸ What, call, in

❷❶(You must) not leave the window open(.)
❷ I'll help you write the letter(.)
❸(You can) learn not only Japanese language but also (its culture.)

❸❶イ ❷ア

❹❶ they named the sport basketball
❷ In fact
❸ drew
❹ この報告(書)[レポート]は，そのスポーツをアメリカ合衆国で有名にしました。
❺ He created a new indoor sport (for them).

❺(例)
❶ Please call me Taku.
❷ Music makes me happy.
❸ Let me use your eraser.
❹ I helped my mother cook dinner.

考え方

❶❶「その部屋をきれいにしておく」は〈keep＋〜（人など）＋…（形容詞）〉の形で表す。「〜しなければならない」＝have to 〜

❷「私を疲れさせる」は〈make＋〜（人）＋…（形容詞）〉の形で表す。Practicing soccerは動名詞の主語なので，3人称単数扱い。makeがmakesとなることに注意する。頻度を表すalways「いつも」はmakesの前に置く。

❸ call 〜 …「〜を…と呼ぶ」の…の部分をたずねるので疑問詞whatを文頭に置く。「英語で」＝in English

❷❶「〜を…のままにしておく」は〈leave＋〜（人など）＋…（形容詞）〉の形で表す。「〜してはいけない」＝ must not 〜

❷「〜が…するのを手伝う」は〈help＋人など＋動詞の原形〉の形で表す。

❸「～だけでなく…も（また）」= not only ～
but also ...

❸ ❶ 店員：いらっしゃいませ。
女性：Tシャツをさがしているのですが。
「いらっしゃいませ」はCan I help you? などとも言う。**ア**のWhat's up?「どうしたの」は店員から客へのことばとしてはふさわしくない。

❷ 男性：森さんと話したいのですが。
女性：少々お待ちください。

❹ ❶〈name＋～（人など）＋...（名詞）〉の文。「彼らはそのスポーツをバスケットボールと名づけた」という意味にする。

❷「実際は」= in fact

❸ 過去の出来事について説明しているので過去形にする。drawの過去形はdrew。

❹〈make＋～（人など）＋...（形容詞）〉「～を…（の状態）にする」の文。

❺「その体育の先生は生徒たちのために何をしましたか」という質問。

❺ ❶〈（Please）call me＋自分の名前.〉で表す。

❷〈主語＋make(s) me happy.〉の文にする。主語が複数の場合は，動詞はmakeになる。

❸ Let me use your ～.の形にする。yourのあとに使わせてもらいたいものを入れる。

❹〈I helped＋～（人）＋動詞の原形 ....〉の文にする。

Reading 1

pp.22〜23　**Step ❸**

❶ ❶ by, getting worse
❷ lay down on
❸ ordered me to

❷ ❶ It continued raining for three (days.)
❷ She told the story with tears(.)
❸ The cat was sleeping in peace(.)
❹ The man could no longer walk(.)

❸ ❶ too, to　❷ be saved
❸ have to

❹ ❶ to kill
❷ potatoes
❸ tried to give him an injection
❹ **しかし，ジョンの皮ふがあまりにかたすぎて注射針は貫通できませんでした。**
❺ ア Because he[it] was (so[very]) clever.
イ They decided to stop giving John any food.

❺（例）
❶ I'm glad[happy] to meet[see] you.
❷ I'm too busy to help you.

考え方

❶ ❶「少しずつ」= little by little，「悪化する」= get worse。このgetは「～になる」の意味。worseはbadの比較級。

❷「横たわる」= lie down。「横たわりました」なので過去形のlayを使う。

❸〈order＋人＋to＋動詞の原形〉で「（人）に～するように命令する」という意味を表す。〈ask[tell]＋人＋to＋動詞の原形〉と同じ形の文。

❷ ❶「～し続ける」は〈continue＋動詞の-ing形〉で表す。天候を表すitが主語になる。

❷「涙ながらに」はwith tears。

❸「安らかに」 in peace

❹「もはや～しない[ではない]」はno longer ～。no longerは一般動詞の前，be動詞や助動詞のあとに置く。

❸ ❶ 〈so 〜 that＋主語＋couldn't …〉は「あまりに〜なので—は…できなかった」の意味。〈too 〜 for＋人＋to …〉「あまりにも〜すぎて—は…できない」の文に書きかえる。「あまりに寒かったので，私は泳げませんでした。」→「あまりにも寒すぎて私は泳げませんでした。」

❷ 受け身〈be動詞＋過去分詞〉の文に書きかえる。助動詞willのあとなので，be動詞は原形のbeを使う。「彼は動物たちを救うでしょう。」→「動物たちは彼によって救われるでしょう。」

❸ mustとhave toはほぼ同じ意味。「私たちは今，何をしなければなりませんか。」

❹ ❶ wantのあとは〈to＋動詞の原形〉。

❷ oneは代名詞として，前に出た数えられる名詞の代わりに使うことができる。このoneは複数形にもなる。ここではonesはpotatoesを指している。good onesは，前にあるpoisoned potatoesと対照的に使われている。

❸ try to 〜で「〜しようとする」。toのあとに〈give＋人＋もの〉＝「(人)に(もの)を与える」の形を続ける。

❹ 〈too 〜 for — to …〉「あまりにも〜すぎて—は…できない」の文。

❺ ア「ジョンはなぜ，よいジャガイモしか食べなかったのですか」という質問。5行目参照。
イ「動物園の飼育係はついに何をすることに決定しましたか」という質問。最終段落参照。

❺ ❶ 「私は〜してうれしい」は〈I'm[I am] glad to＋動詞の原形 〜.〉で表す。「うれしい」はgladやhappyを，「〜に会える」はseeやmeetを使えばよい。

❷ 〈too＋形容詞＋to＋動詞の原形 … 〉「あまりにも〜すぎて…できない」の形にあてはめる。「忙しい」はbusy，「〜を手伝う」はhelpを使う。

PROGRAM 4 〜 Steps 3

pp.25〜27 **Step ❷**

❶ ❶ 公式の，正式の
❷ (相手を)負かす ❸ 表現
❹ 試合，競技会 ❺ 活動
❻ 広く
❼ alphabet ❽ display
❾ including ❿ semifinal
⓫ match ⓬ worn

❷ ❶ イ ❷ ア

❸ ❶ エ ❷ ウ ❸ ウ

❹ ❶ council election
❷ several times ❸ must be

❺ ❶ to ❷ at ❸ in
❹ of ❺ for

❻ ❶ a shirt designed in London
❷ dancing to the music is my brother
❸ sold at this store are nice
❹ that boy swimming in the river

❼ ❶ It's[It is] a kind of Japanese food.
❷ (例) I[We] have it in October.
❸ Yes, I have.[No, I haven't.]
❹ I[We] practice it three days a week. [Three days a week.]

❽ ❶ written ❷ carrying
❸ taking ❹ sent

❾ ❶ これは金閣寺と呼ばれる寺です。
❷ 私はステージで歌っている少年を知っています。

❿ ❶ I have a camera made in Japan(.)
❷ The boy playing the flute is my brother(.)
❸ (Hinamatsuri) is a festival held on March 3(.)
❹ The desk brought to this room is very old(.)

⓫ ❶ The girl listening to music is my sister.
❷ Soccer is a sport played by many[a lot of] people.
❸ The dog sleeping in the yard is mine.

考え方

❶ ❷「(人が)負ける」と言うときはbe defeatedとなる。

　❾ includingは前置詞。

　⓬ wear「着ている」-wore-wornと変化する。

❸ ❶ A：そのことばはどうやってつづりますか。
　　 B：E-y-e-b-r-o-w. Eyebrowです。

　❷ elementary schoolで「小学校」。

　❸ A：あなたはニンジンが好きだよね。
　　 B：はい，まったくそのとおりです。

❹ ❶「生徒会」は student council，「選挙」は electionで表す。「開催される」は be held。hold「開催する」-held-held

　❷ several＝「いくつかの」。一般的には，a few times「1〜2回」＜ several times「3〜5回」＜ many times「何回も」。

　❸「〜にちがいない」は助動詞mustを使う。助動詞のあとの動詞は原形。ここではbe動詞の原形beをmustのあとに置く。

❺ ❶ close to 〜 で「〜に近い」。「私の家はそのレストランに近いです。」

　❷ look at 〜 で「〜(のほう)を見る」。「これらの写真を見てください。」

　❸ take part in 〜 で「〜に参加する」。「その試合に参加しませんか。」

　❹ different kinds of 〜で「さまざまな[いろいろな]種類の〜」。「私たちの町にはさまざまな人々がいます。」

　❺ lastは動詞で「続く」という意味がある。「彼のスピーチはいつも2時間続きます。」

❻ ❶ 前の文の名詞(a shirt)のあとに，後ろの文の〈過去分詞＋語句〉(designed in London)を置く。「私はロンドンでデザインされたシャツを買いました。」

　❷ 前の文の主語(The boy)のあとに，後ろの文の〈現在分詞＋語句〉(dancing to the music)を置く。そのあとにbe動詞isが続く。dance to 〜は「〜にあわせて踊る」。「音楽にあわせて踊っている少年は私の兄[弟]です。」

　❸「この店で売られている腕時計はすてきです。」sell「売る」-sold-sold

　❹「川で泳いでいるあの少年はだれですか。」

❼ ❶「タコヤキとは何ですか」という質問。「〜の一種」はa kind of 〜。このkindは名詞。kindは形容詞で「親切な」という意味もある。

　❷「あなた(たち)の学校では遠足はいつですか」という質問。

　❸「あなたは今までに手話を使ったことがありますか」という質問。

　❹「あなた(たち)はどれくらいの回数ラグビーを練習しますか」という質問。〜 day(s) a weekで，「週に〜日」という意味になる。「〜」に数字を入れて答える。

❽「〜している…」のときは現在分詞。「〜される…，〜された…」のときは過去分詞にする。

　❶「これは19世紀に書かれた本です。」write-wrote-written

　❷「いすを運んでいる少女は私のクラスメートです。」

　❸「公園で写真をとっている男性はだれですか。」take-took-taken

　❹「私は北海道から送られた野菜を食べました。」send-sent-sent

❾ ❶ the temple called Kinkaku-jiがひとまとまりになって「金閣寺と呼ばれる寺」という意味を表している。

　❷ the boy singing on the stage「ステージで歌っている少年」がひとまとまりになってknowの目的語になっている。

❿〈名詞＋現在[過去]分詞 〜〉がひとまとまりの語句になる。

　❶「日本製の」を「日本で作られた」と考える。「日本製のカメラ」はa camera made in Japan。これがhaveの目的語になる。make-made-made

　❷「フルートを演奏しているその少年」はthe boy playing the flute。これが文の主語になる。

　❸「3月3日に催されるお祭り」は a festival held on March 3。これをisのあとに置く。

hold-held-held

❹「この部屋に持ってこられた机」はthe desk brought to this room。これが文の主語になる。bring-brought-brought

⓫❶「その少女は私の妹です」はThe girl is my sister。「聞いている」なので，listen「聞く」を現在分詞のlisteningにする。listening to music「音楽を聞いている」をThe girlのあとに置く。

❷「サッカーはスポーツです」はSoccer is a sport。「プレーされる」なので，playを過去分詞のplayedにする。played by many [a lot of] people「たくさんの人々にプレーされる」をa sportのあとに置く。

❸「（その）イヌは私のです」はThe dog is mine。「庭で眠っている」なのでsleeping in the yardとまとめ，The dogのあとに置く。

pp.28〜29 **Step 3**

❶❶at, students enjoying
❷living, speaks, well
❸song(s) sung by
❷❶The boy wearing a red cap is (Ken.)
❷The yard covered with snow (is nice.)
❸Is the vase broken by Tom yours(?)
❸❶エ ❷ア
❹❶世界には100以上のさまざまな手話があります。
❷is a sign language used widely around
❸like to learn
❹About half a million.
❺（例）
・The man painting a picture is my father.
・The woman cleaning the room is my mother.
・The book read by my brother is *The Lion King*.

考え方

❶❶「〜（のほう）を見る」はlook at 〜。

❷「住む」はlive。「住んでいる」なので現在分詞にする。「英語を話す」はspeakを使う。主語The girlは3人称単数なので，speaks とすること。

❸「歌う」はsing。「歌われる」なので過去分詞にする。singの活用はsing-sang-sung。

❷❶The boy wearing a red cap「赤いぼうしをかぶっている少年」が文の主語になる。

❷The yard covered with snow「雪でおおわれた庭」が文の主語になる。

❸the vase broken by Tom「トムに壊された花びん」が文の主語。break-broke-broken

❸❶少年：スタメンになったよ！
少女：まさか！
starting playerは「先発選手，スタメン」という意味。No kidding! は，「まさか[冗談でしょう]」と驚きを表すときに使われる。kidは「からかう，冗談を言う」という意味の動詞。アのbeginnerは「初心者」。

❷少女：この写真のどれがあなたですか。
少年：床で寝ているイヌの隣だよ。
next to 〜 は，「〜の隣に」という意味。

❹❶there is[are] 〜「〜がある[いる]」の文。overはここでは「〜以上」という意味。

❷ASL is a sign languageのあとに〈過去分詞＋語句〉（used widely around）を置く。

❸「〜したいと思いますか」はWould you like to 〜?で表せる。

❹「アメリカ合衆国にはASL使用者は何人いますか」という質問。4行目参照。

❺「〜している」は現在分詞，「〜される，された」は過去分詞で表す。
絵の様子を表す語句として，paint a picture「絵を描く」，clean the room「部屋を掃除する」，read a book「本を読む」，sleep under the table「テーブルの下で眠る」などを使用するとよい。
例として，ほかにThe picture painted by my father is nice. / The boy reading a book is my brother. / The cat sleeping under the table is mine.などでもよい。

PROGRAM 5 ～ Word Web 2

pp.31～33 Step ❷

❶ ❶ 価格，値段　❷ 辞典，辞書
　　❸ 固形の　❹ 囲む
　　❺ 毎日の，日常の　❻ 動き，運動
　　❼ record　❽ scroll　❾ begin
　　❿ perfect　⓫ side　⓬ image

❷ ❶ ア　❷ ア

❸ ❶ エ　❷ イ　❸ ア

❹ ❶ in, row　❷ made from

❺ ❶ On　❷ In　❸ at

❻ ❶ I have an aunt who[that] lives in Osaka.
　　❷ I went to a shop which[that] sells used books.
　　❸ The boy who[that] is playing soccer is Mike.
　　❹ Can you see the house which[that] has a large garden?

❼ ❶ who　❷ which　❸ which
　　❹ who

❽ ❶ (例) My hobby is reading books.
　　❷ Because they are forced to work.

❾ ❶ アメリカ合衆国で有名になった野球選手を知っていますか。
　　❷ ここに父によって描かれた絵があります。
　　❸ ステージの上で踊っている少女を見て。
　　❹ 私は散歩をしている男性とイヌを知っています。

❿ ❶ (Do you know) the woman who is playing the piano(?)
　　❷ (That's) the train which left Ueno Station at five(.)
　　❸ The movie that makes me happy is (The Lion King.)
　　❹ (Do you know) a person who has been to Peru(?)

⓫ ❶ I have a dog which[that] can swim well.
　　❷ Do you know the girl who[that] is sitting under the tree?

❸ The man who[that] called me was Mr. Tanaka.

考え方

❶ ❼ record は動詞で「記録する」という意味もある。

❷ ❶ prefecture =「県」
　　❷ pocket =「ポケット」

❸ ❶ ア の debut は「デビュー，初登場」，イ の tool は「道具」，ウ の magic は「魔法の」の意味。figure は「図」の意味。「この図はテストの結果を示しています。」
　　❷ jean は複数形の jeans で「ジーンズ」となる。エ の shoe「くつ」も通例複数形 shoes で用いられる。「私は家にいるときは，たいていジーンズをはいています。」
　　❸ go on a walk または go on walks で「散歩に行く」という意味。A「この前の土曜日は何をしましたか。」B「散歩に行きました。」

❹ ❶ in a row で「続けて」という意味。
　　❷ 「(原料)から作られる」は be made from ～ の形で表す。

❺ ❶ 「私の車はとても古いです。一方で，あなたの車は新しいです。」
　　❷ 「彼女はじょうずに英語を話します。つまり，彼女の英語はとてもよいです。」
　　❸ 「彼は同時にたくさんのことをします。」

❻ ❶ 先行詞は aunt。「人」なので関係代名詞 who または that を使う。「私には，大阪に住んでいるおばがいます。」
　　❷ 先行詞は shop。「もの」なので関係代名詞 which または that を使う。「私は，古本を売っている店に行きました。」
　　❸ 先行詞は The boy。文の主語と動詞の間に関係代名詞を含んだ文が割り込む形になる。「サッカーをしている(その)少年はマイクです。」
　　❹ the house が先行詞。「あなたは，広い花だんがある(その)家が見えますか。」

❼ ❶❹ は先行詞が「人」なので関係代名詞は who を使う。❷❸ は先行詞が「もの」なので関係代

名詞はwhichを使う。

❶「私には英語を話せる友だちがいます。」

❷「私はコンピュータ室がある図書館を知っています。」

❸「浅間山は長野にある山です。」

❹「私は中国出身の何人かの生徒に会いました。」

❽ ❶「あなたの趣味は何ですか」とたずねている。〈My hobby is＋動詞の-ing形〜.〉の形で自分の趣味を答える。

❷「その子どもたちは学校へ行っていません。なぜですか」とたずねている。forceはbe forced to 〜の形で「〜せざるを得ない」という意味を表す。

❾〈名詞（先行詞）＋関係代名詞＋動詞〜〉は「〜する…」のように後ろから名詞を説明するように訳すとよい。関係代名詞は訳さない。

❶ 先行詞はa baseball player。

❷ 先行詞はa picture。

❸ 先行詞はthe girl。

❹ 先行詞はthe man and his dog。

❿ ❶ 先行詞the womanに〈who＋動詞〜〉を続ける。whoのあとが現在進行形になっている。

❷ 先行詞the trainに〈which＋動詞〜〉を続ける。leftはleave「出発する」の過去形。

❸ 先行詞The movieに〈that＋動詞〜〉を続けて主語のまとまりを組み立てる。次に動詞isを置く。The movie is *The Lion King.* It makes me happy.と考える。

❹ 先行詞a personに〈who＋動詞〜〉を続ける。「〜に行ったことがある」はhave[has] been to 〜。

⓫ ❶「私はイヌを飼っています」をまず考え、「イヌ」を先行詞にして、関係代名詞which[that]を使って「じょうずに泳げる」をつなげる。

❷「あなたは（その）女の子を知っていますか」をまず考え、「女の子」を先行詞にして、関係代名詞who[that]を使って「木の下に座っている」をつなげる。

❸「男性は田中先生でした」はThe man was Mr. Tanaka.と表せる。「男性」を先行詞に

して関係代名詞who[that]を使って「私に電話をかけてきた」をつなげて主語のまとまりをつくる。そのあとにwas Mr. Tanakaを続ける。

pp.34〜35　Step ❸

❶ ❶ who[that] saved many

❷ who[that] is good

❸ which[that] has long

❷ ❶ I met an American boy who can (speak Japanese well.)

❷ (I want) to eat the bread which was baked (at the restaurant.)

❸ (We should) buy coffee which is sold at a fair price(.)

❸ ❶ イ　❷ エ

❹ ❶ **私たちのクラスには，チョコレートが大好きな生徒がたくさんいます。**

❷ regarded, as

❸ valuable that only a small number

❹ have any

❺ ❶（例）I want to be a soccer player who is popular among children.

❷（例）I want a cool watch which is[was] made in Italy.

考え方

❶〈名詞（先行詞）＋関係代名詞＋動詞〜〉の形を作る。動詞は名詞（先行詞）の人称や時制に合わせる。

❶「人」であるa doctorを先行詞として、関係代名詞who[that]を使って「多くの人々を救った」をつなげる。「救った」はsave「救う」の過去形savedで表せる。

❷「人」であるa friendを先行詞として関係代名詞who[that]を使って「テニスが得意である」をつなげる。「〜が得意である」はbe good at 〜で表せる。a friendは3人称単数なのでbe動詞はisを使う。

❸「もの」であるthe animalを先行詞として、関係代名詞which[that]を使って「長い耳

を持った」をつなげる。the animalは３人称単数なので,「持っている」はhasを使う。

❷❶an American boy「アメリカ人の少年」を先行詞にして, 関係代名詞whoを使って「日本語をじょうずに話せる」をつなげる。

❷「パンが食べたい」はwant to eat the bread。the breadを先行詞として関係代名詞whichを使って「そのレストランで焼かれた」をつなげる。「焼かれた」は過去の受け身形was bakedで表せる。

❸「公正な価格で売られているコーヒー」はcoffeeを先行詞として関係代名詞whichを使って「公正な価格で売られている」をつなげる。「売られている」は受け身形be sold,「公正な価格で」はat a fair priceで表す。

❸❶少年：大きなジェットコースターのある遊園地に行こうよ。

少女：残念だけど行けないわ。

I'm afraid I can't.は「残念ながらできません」と, 勧誘を断るときによく使われる表現。

❷少年：ぼくの鉛筆が見つからない。

少女：あなたの部屋じゅうをさがしたの？
throughoutは「～の至るところで[に]」という意味。アのthoughは「（～である）けれども, ～にもかかわらず」, イのthroughは「～を通じて, ～を通りぬけて」という意味。ウのthoughtはthink「考える」の過去・過去分詞形。形が似ているので注意すること。

❹❶〈名詞（先行詞）＋関係代名詞＋動詞～〉の文。「～する…」のように後ろから先行詞を説明するように訳すとよい。

❷regard ～ as ...で「～を…とみなす」。

❸〈so ～ that＋主語＋動詞 ...〉「あまりに～なので…」の文。a small number of ～で「少数の～」。「ほんの～にすぎない」を表すonlyはその前に置く。valuable は「高価な」。

❹noは「１つ[１人]も～ない, 少しも～ない」という意味。not any ～で書きかえることができる。

❺❶I want to beのあとに〈職業名＋who[that]＋動詞～〉の形を続ければよい。解答例は,

「私は子どもたちの間で人気のあるサッカー選手になりたいです」。

❷I wantのあとに〈ほしいもの＋which[that]＋動詞～〉を続ければよい。解答例は,「私はイタリア製のかっこいい腕時計がほしいです」。

PROGRAM 6 ～ Power-Up 4

pp.37〜39　**Step ❷**

❶❶ギリシャ　❷減らす　❸説明
❹有害な, 危険な　❺人間
❻水面, 表面　❼collect[gather]
❽hurt　❾north　❿tiny
⓫trash　⓬area

❷❶ア　❷イ

❸❶ウ　❷ウ

❹❶all　❷caught in
❸both, and

❺❶of　❷away
❸by　❹on

❻❶are some pictures which[that] she took last month
❷have a bag which[that] my father made yesterday
❸know the girl that Mike met at the station
❹which[that] Pat read last week is very popular
❺a baseball player that Yuki likes very much
❻which[that] I use every day is heavy

❼❶I agree with your idea.
❷That temple is three times as old as this one.

❽❶ア　私がいちばん好きな季節は冬です。
❷イ　あれ[それ]はあなた（たち）がさがしているいすですか。
❸ウ　私たちは, 彼が言ったことが何もわかりませんでした。
❹ウ　しょうゆは, 私たちがふつう料理に使

うソースの一種です。

❾ ❶I want a computer which I can carry(.)

❷The dinner that Jim ate yesterday was good(.)

❸This is the most expensive pen that I've ever bought(.)

❹He is a comedian everybody knows well(.)

❿ ❶Look at the boy who[that] is playing the guitar.

❷I know the story Soseki wrote in 1906.

❸The umbrella I bought yesterday was made in China.

考え方

❶ ❽hurtは「(人(の体))を傷つける」という意味。
❿ 反意語はhuge「巨大な」。

❸ ❶A：いいにおいがします。
B：そう，ケーキを焼いています。
エのtasteは「(～な)味がする」。

❷A：あなたのお母さんの仕事は何ですか。
B：研究者です。

❹ ❶all the time＝「いつでも」

❷get caught in で「～に捕えられる」。caughtはcatchの過去分詞形。catch-caught-caught

❸both ～ and ... で「～と…の両方，～も…も」。

❺ ❶「膨大な量の情報が，そのレポートに含まれています。」

❷「通りにごみを捨てないで。」

❸「このメールは間違って私に送られたのだと思います。」

❹「私たちは夏に，たとえばバーベキューや花火など，いくつかの行事を楽しむことができます。」

❻ ❶うしろの文のthemは前の文のsome picturesを指しているので，themを目的格の関係代名詞にかえて，先行詞となる名詞some picturesのあとに続ける。先行詞

が「もの」なので，関係代名詞はwhichまたはthatを使う。「ここに，彼女が先月とった写真があります。」

❷it＝a bagで先行詞が「もの」になるので，itを関係代名詞which[that]に置きかえて前の文につなげる。「私は，父が昨日作ったかばんを持っています。」

❸her＝the girlで先行詞が「人」になるので，herを関係代名詞thatに置きかえてthe girlにつなげる。「あなた(たち)は，マイクが駅で会った少女を知っていますか。」

❹it＝This bookで先行詞が「もの」になるので，itを関係代名詞which[that]に置きかえてThis bookのあとにつなげる。文の主語と動詞の間に関係代名詞以下の文が割り込む形となる。「パットが先週読んだこの本は，とても人気があります。」

❺him＝a baseball playerで先行詞が「人」になるので，himを関係代名詞thatに置きかえてa baseball playerにつなげる。「彼は，ユキが大好きな野球選手です。」

❻it＝The dictionaryで先行詞が「もの」になるので，itを関係代名詞which[that]に置きかえて The dictionaryのあとにつなげる。「私が毎日使っている辞書は，重いです。」

❼ ❶「おたがいに気持ちを伝え合うことがいちばん重要だと思います」という発言に対し，agree with ～「～に賛成する」を使って答える。

❷「この寺とあの寺では，どちらが古いですか」という質問。「3倍」はthree times。そのあとにas old as ーを続ける。

❽ 名詞とそれを説明する〈主語＋動詞～〉の間が，関係代名詞が省略されている位置。

❶The season I like the bestが文の主語。

❷look for ～ は「～をさがす」。

❸anythingは否定文で「何も(～ない)」。

❹a kind of ～は「一種の～」。

❾ ❶「私はコンピュータがほしいです」＋「私は(それを)持ち運ぶことができます」と考える。

❷「夕食はおいしかったです」+「ジムが(それを)昨日食べました」と考える。主語のあとに関係代名詞が続く形。

❸〈最上級+名詞+that+主語+have[has] ever+過去分詞～〉で「これまでに～したもっとも…な(名詞)」。先行詞に最上級がつくとき，関係代名詞はthatがよく使われる。

❹「彼はお笑い芸人です」+「みんなが(彼を)よく知っています」と考える。a comedianのあとに関係代名詞thatが省略されている。

❿❶「その少年を見て」+「彼はギターをひいています」と考える。「ギターをひく」はplay the guitar。「彼は」はうしろの文で主語のはたらきをしているので主格の関係代名詞who[that]に置きかえて文をつなげる。主格の関係代名詞は省略できない。

❷「私はその物語を知っています」+「漱石がそれを1906年に書きました」と考える。「それを」はうしろの文で目的語のはたらきをしているので目的格の関係代名詞which[that]に置きかえて文をつなげる。目的格の関係代名詞は省略できる。write「書く」の過去形はwrote。write-wrote-written。

❸「かさは中国製でした」+「私は昨日それを買いました」と考える。主語になる部分を，The umbrella which[that] I bought yesterdayとまとめる。buy「買う」の過去形はbought。buy-bought-bought。「中国製でした」はwas made in China。関係代名詞は目的語の働きをしているので省略できる。

pp.40～41 **Step ❸**

❶❶ that I helped
　❷ which[that] was made
　❸ I like is
❷❶ (Please tell me about) the movie which you saw last week(.)
　❷ (Do you know) the woman Mike is talking to(?)
　❸ (I don't) have anything that you need(.)
❸❶ ア　❷ エ
❹❶ The plastics that humans throw away
　❷ 太平洋ごみベルトは約8万トンのごみを含んでいると言われています。
　❸ ・よく水面の漁網[つり用のネット]に捕えられ，逃げることができないこと。
　　・誤ってプラスチックの小さい破片を食べてしまうこと。
　❹ We should reduce our use of plastic.
❺❶ (例)This is a singer that I am interested in.
　❷ (例)This is a bag which[that] I use every day.

考え方

❶❶〈先行詞+関係代名詞(目的格)+主語+動詞～〉の文。the womanは「人」なので，関係代名詞はthatを使う。

❷〈先行詞+関係代名詞(主格)+動詞～〉の文。先行詞the bagは「もの」なので関係代名詞はwhich[that]を使う。by you「あなたによって」が与えられているので，「あなたが作ったかばん」を「あなたによって作られたかばん」と読みかえて，受け身で表す。

❸〈先行詞+関係代名詞(目的格)+主語+動詞～〉の文。空所の数から関係代名詞は省略する。

❷❶ 先行詞the movieのあとに〈関係代名詞+主語+動詞～〉を続ける。

❷ 関係代名詞が省略された文。the womanのあとに〈主語+動詞～〉を続ける。is talking toのあとの「人」が関係代名詞になって省略されたので，toで文が終わる。

❸ 先行詞はanything「何も」。needの目的語が関係代名詞thatになる。

❸❶ アメリカ人の少年：今日は昼食に何を食べたの？
　日本人の少女：給食を食べました。学校で<u>出される</u>のよ。

serveは「（食事など）を出す」。受け身形で使われている。

❷ 父：どんな種類のいすがほしいの？
少年：木でできたいすがほしいな。
〈過去分詞＋語句〉の made of wood が a chairをうしろから説明している。

❹❶〈先行詞＋関係代名詞（目的格）that＋主語＋動詞〜〉の形。並べかえる部分が文の主語になっている。

❷〈It is said that＋主語＋動詞〜.〉「〜と言われています」の文。

❸ 本文1〜3行目参照。get caught in 〜＝「〜に捕えられる」，by mistake＝「誤って，間違って」。

❹「私たちは何を減らすべきですか」という質問。本文最終文参照。

❺❶ be interested in 〜「〜に興味がある」を使う。解答例は，「こちらは私が興味がある歌手です」。

❷ 解答例は，「これは私が毎日使っているかばんです」。

PROGRAM 7 〜 Word Web 3

pp.44〜45　**Step ❷**

❶❶熟練者，達人　❷深い
❸病気　❹提案する，すすめる
❺処理する，整理する　❻能力
❼quickly　❽shape　❾imagine
❿victory　⓫chance
⓬convenient

❷❶ア　❷ア

❸❶were, would
❷Something bright
❸there, could

❹❶to　❷for　❸on
❹up　❺with

❺❶I think so too.
❷I don't[cannot] see anything.
❸(例)(If I had one million yen,) I would buy a car.

❻❶私たちが京都で過ごした日々は，意味のあるものでした。

❷私がネコだったらなあ。

❼❶I cannot decide which watch to buy(.)
❷It was difficult for us to do our homework(.)

❽❶If I were you, I would join the event.
❷I'll[I will] never forget your kindness.
❸I wish I were a bird.

考え方

❶⓬convenience storeで「コンビニエンスストア」。

❷❶日本語で「プログラム」と言うときは，アクセントの位置が英語とは違うので注意。

❸❶仮定法過去ではbe動詞はwereを使う。「〜するでしょう」は〈would＋動詞の原形〉。

❷〈something＋形容詞〉で，「何か〜なもの」となる。

❸仮定法過去で「〜できるでしょう」は〈could＋動詞の原形〉。

❹❶belong to 〜で「〜に属する」。「ジョンはバスケットボールチームに所属しています。」

❷search for 〜で「〜をさがす」。「私は料理本をさがしています。」

❸from now onで「これからは」の意味。「私たちはこれからは，AIといっしょに生活しなければなりません。」

❹cleanだけでも「掃除する」という意味を表せるが，clean upとなると「きれいに掃除する」という意味になる。upには，「すっかり」など〈完了・完成〉の意味がある。「私たちはこの部屋をきれいに掃除するつもりです。」

❺shake hands with 〜で「〜と握手する」。「私はあなたと握手したいです。」

❻❶同意して「私もそう思います」はI think so too.と言う。このtooは，「〜もまた」という意味で使われている。

❷anythingは否定文で「何も（〜ない）」。

❸「もし100万円持っていたら，あなたは何を買うでしょうか」という質問。wouldで質問されているので，wouldを使って答える。

❻❶ The days we spent in Kyotoが主語。we spent in Kyotoの前に目的格の関係代名詞which[that]が省略されている。

❷〈I wish + 主語 + (助)動詞の過去形〉の文。「私が～だったらなあ」という意味になる。

❼❶「どの～を…したらよいか」は〈which + 名詞 + to + 動詞の原形 ...〉の語順で表す。

❷〈It is ～ for + 人 + to ....〉で「(人)が[(人)にとって]…することは～である」。

❽❶ 仮定法過去の文。「参加する」= join

❷「親切」= kindness，「忘れる」= forget

❸ I wishのあとに続く文の動詞は(助)動詞の過去形。be動詞はwereを使う。

pp.46～47 **Step ❸**

❶❶ were, would go

❷ had, could enjoy

❸ By the way

❷❶ I wish you could be here(.)

❷ (The machine) makes our lives more convenient(.)

❸ Computers can process a lot of information(.)

❸❶ ウ ❷ イ

❹❶ AIが自分たちのためにすべてしてくれたらなあと思う人もいます。

❷・人間の医師が仕事を失うかもしれない(こと)。

・AIは患者の気持ちを理解しないかもしれない(こと)。

❸ On the other hand

❹ Diseases like cancer.

❺ (例)

・My favorite memory was our school trip to Kyoto.

・We visited many beautiful temples and shrines there.

・Also I enjoyed talking with my friends

at night.

考え方

❶❶ 仮定法過去の文。主語が何でもbe動詞はwereを使う。

❷「～がある」はhaveを使う。仮定法過去の文なので過去形hadにする。

❸ by the way「ところで」は，話題を変えるときに使う。

❷❶ couldのあとには動詞の原形がくる。beはbe動詞の原形。be動詞には「～にいる，ある」という意味がある。

❷「～を…(の状態)にする」は〈make + ～(人など) + ...(形容詞)〉の語順で表す。

❸「たくさんの情報」はa lot of information。

❸❶ 少年：ぼくたちは，2時間ずっと勉強しているよ。休憩しましょう。

少女：それはいいね。

❷ 母親：もし私があなただったら，だれかに手伝ってもらうように頼むでしょう。

少年：手伝ってもらえますか？

❹❶ 下線部①のthemはSome peopleを指す。

❷ 下線部②の後ろのof itのitはAIを指す。AIのbad points「悪い点」の具体的な内容は，最後の2文に書かれている。mayは「～かもしれない」。

❹「AIは何を人間よりもじょうずに速く見つけるかもしれませんか」という質問。

❺ すべて過去形で書く。1文目は〈My favorite memory was + 行事名.〉で表す。2文目は「行った場所」ならvisited[went to] ～などを使う。またはplay→played，sing→sang，make→madeなどの動詞を使って「したこと」を書く。3文目はenjoyedのあとに名詞または動名詞を続ける。

Reading 2

❶ ❶ was awarded　❷ Let, speak[talk]
　❸ continued, read　❹ make, happy
❷ ❶ This area is under the government's control(.)
　❷ The students listening to her story were surprised(.)
　❸ (He) went fishing instead of practicing soccer (yesterday.)
❸ ❶ He was moved deeply by this movie.
　❷ Many stars can be seen from here.
❹ ❶ was born
　❷ we had to hide our books under
　❸ **マララがブログにスワート渓谷[自分の町]でのみじめな生活についてブログに書いたことが, タリバンをとても怒らせました。**
　❹ shot
　❺ No, they were not[weren't].
❺ ❶ **(例)** I am called Taku.
　❷ **(例)** Seeing movies makes me excited.
　❸ **(例)** My dream is to study abroad.

考え方

❶ ❶ 過去形の受け身の文で表す。「賞」という意味のawardには「(賞として)与える, 授与する」という動詞の意味もある。
　❷「(人など)に〜させてやる」は〈let＋人など＋動詞の原形〉で表す。
　❸「〜し続ける」＝〈continue to＋動詞の原形〉
　❹「〜を…(の状態)にする」＝〈make＋〜(人など)＋…(形容詞)〉
❷ ❶「〜の支配下にある」＝be under 〜's control
　❷「彼女の話を聞いていた生徒たち」は〈名詞＋現在分詞＋語句 〜〉の形で表す。
　listening to her storyとまとめ, The students「生徒たち」のあとに置く。
　❸「〜の代わりに」はinstead of 〜。ofのあとに動詞の意味が続くときは動名詞にする。
❸ ❶ もとの文の目的語を主語にして, 動詞を

〈be動詞＋過去分詞〉の形にする。過去の文なのでbe動詞はwasを使う。
　❷ 助動詞canの文なので受け身形は〈can be＋過去分詞〉になる。by 〜は省略可。
❹ ❶「生まれる」はbe born。
　❷ had to 〜で「〜しなければならなかった」。under＝「〜の下に」
　❸〈make＋〜(人など)＋…(形容詞)〉の文。Thatは前文の内容を指す。
　❺「スワート渓谷の人たちは, タリバンの集団が来たあと自由でしたか」という質問。本文2, 3行目参照。
❺ ❶「あなたはクラスメートに何と呼ばれていますか」という質問。受け身形で聞かれているのでI am called 〜.で答える。by my classmatesは省略可。
　❷「何があなたを興奮させますか」という質問。動名詞は動詞の-ing形で「〜すること」という意味を表す。
　❸「あなたの将来の夢は何ですか」という質問。

Further Reading 1

pp.54～55 **Step ❸**

❶ ❶ was filled　❷ By, way
　❸ Have, ever played
　❹ have never been

❷ ❶ They have just arrived at the airport(.)
　❷ (I) haven't studied for tomorrow's test yet(.)
　❸ He has been learning calligraphy since (he was a child.)

❸ ❶ has been　❷ made, speech

❹ ❶ heard
　❷ the unusual studies in science
　❸ has become popular throughout the world
　❹ recent past
　❺ **日本の科学者たちは連続して10年以上イグノーベル賞を受賞しています。**

❺ ❶ (例) I have been to Yokohama once.
　❷ (例) I have been studying English for two hours.

――――――――――

考え方

❶ ❶「～でいっぱいである」= be filled with ～
　❷「ところで」= by the way
　❸「これまでに～したことがありますか」は現在完了形で表す。〈Have[Has] + 主語 + ever + 過去分詞～?〉の語順。
　❹「～へ行ったことがある」は have[has] been to ～。「一度も～へ行ったことがない」は have[has] never been to ～となる。

❷ ❶「ちょうど～したところだ」は現在完了形。have[has]と過去分詞の間にjustを置く。
　❷「まだ～していない」は現在完了形の否定文。文末にyet「まだ」を置く。
　❸「ずっと～している」という動作の継続は have[has] been ～ingの形で表す。

❸ ❶「ケンは先週の土曜日からずっとニューヨークにいます」という意味の文にする。
　❷ make a speech = speak

「彼女は先月，国連で演説しました。」

❹ ❶ 文頭にHaveがあるので現在完了形の疑問文。hearの過去分詞はheard。
　❷ improbable research は「奇抜な研究」。直後のin other words「つまり～」に着目して，文の後半のthe unusual studies in science「科学のふつうでない[めずらしい]研究」を抜き出す。
　❸〈has + 過去分詞〉の現在完了の文。このbecomeは過去分詞。
　❺ have been winningは現在完了進行形。winはここでは「(賞など)を受賞する」。more than ～は「～以上」，in a rowは「続けて」という意味。

❺ ❶「私は～へ行ったことがある」は〈I have been to + 場所を表す語句.〉の形で表せばよい。「1回」はonce，「2回」はtwice，「3回」からは～ timesを使って表す。
　❷「私はずっと～しています」という動作の継続はI have been ～ingの形になる。「～の間」はfor ～で表す。

Further Reading 2

pp.58～59 **Step ❸**

❶ ❶ as early, can
　❷ got used to
　❸ want, after all

❷ ❶ (I'm) happy when I have animals around(.)
　❷ He went to bed without taking a bath (yesterday.)
　❸ You might like to clean your (room.)

❸ ❶ エ　❷ イ

❹ ❶ **静かにできないのなら出ていかなければならない(ということ)。**
　❷ **おりこうで，静かなライオンは，明日のお話の時間に戻ってくることが確かに許されるでしょう。**
　❸ until
　❹ You might as well make yourself

useful(.)

❺ Mr. McBee

❺ ❶ **(例)** Please tell me how to use the phone.[Could you tell me how to use the phone?]

❷ **(例)** I'm good at playing the piano.

考え方

❶ ❶ 「…ができるだけ～」＝〈as ＋ 形容詞[副詞] ＋ as … can〉

❷ 「～することに慣れる」は get used to ～ing。過去の文なので got を使う。

❸ 「結局は」＝ after all

❷ ❶ 「～が周囲にいる」＝ have ～ around

❷ without ～ing で「～しないで」。

❸ 「～しておいたほうがよいかもしれない」＝〈might like to ＋ 動詞の原形〉

❸ ❶ get along で「うまくやっていく」。「ほかの人とうまくやっていくことは, 私にはかんたんではありません。」

❷ not ～ either で「～もない」という意味を表す。too は肯定文で「～もまた」。neither は1語で「～もまた…ない」という否定の意味を表す。「私はスキーができません。スケートもできません。」

❹ ❶ Those は直前のメリーウェザーさんの発言内容を指している。

❷ be allowed to ～で「～することを許される」。certainly は「確かに, 必ず」。

❸ 下線部③の until は前置詞で「～まで」。下線部⑤の until は接続詞で「～するまで(ずっと)」。

❹ 〈might as well ＋ 動詞の原形〉で「～するほうがよい」。〈make＋目的語＋形容詞〉で「～を…(の状態)にする」。

❺ 「( )がメリーウェザーさんにだれが物音を立てていたのかを教えた」という文。本文1, 2行目参照。

❺ ❶ 「電話の使い方を私に教えてください[教えてくれませんか]」などと言えばよい。「私に～の仕方を教える」は tell me how to ～の

形で表す。

❷ be good at ～ing の形で「～するのが得意だ」という意味になる。at は前置詞なので, 後ろに動名詞 playing を続ける。

テスト前 ☑ やることチェック表

① まずはテストの目標をたてよう。頑張ったら達成できそうなちょっと上のレベルを目指そう。
② 次にやることを書こう（「ズバリ英語〇ページ，数学〇ページ」など）。
③ やり終えたら□に✔を入れよう。
　　最初に完ぺきな計画をたてる必要はなく，まずは数日分の計画をつくって，
　　その後追加・修正していっても良いね。

目標

	日付	やること1	やること2
2週間前	／	☐	☐
	／	☐	☐
	／	☐	☐
	／	☐	☐
	／	☐	☐
	／	☐	☐
	／	☐	☐
1週間前	／	☐	☐
	／	☐	☐
	／	☐	☐
	／	☐	☐
	／	☐	☐
	／	☐	☐
	／	☐	☐
テスト期間	／	☐	☐
	／	☐	☐
	／	☐	☐
	／	☐	☐
	／	☐	☐

QRコードのページに登録すると，「ぴたリンク」からも表をダウンロードできるよ

テスト前 ☑ やることチェック表

① まずはテストの目標をたてよう。頑張ったら達成できそうなちょっと上のレベルを目指そう。
② 次にやることを書こう（「ズバリ英語〇ページ，数学〇ページ」など）。
③ やり終えたら□に✓を入れよう。
　最初に完ぺきな計画をたてる必要はなく，まずは数日分の計画をつくって，
　その後追加・修正していっても良いね。

目標

	日付	やること1	やること2
2週間前	／	☐	☐
	／	☐	☐
	／	☐	☐
	／	☐	☐
	／	☐	☐
	／	☐	☐
	／	☐	☐
1週間前	／	☐	☐
	／	☐	☐
	／	☐	☐
	／	☐	☐
	／	☐	☐
	／	☐	☐
	／	☐	☐
テスト期間	／	☐	☐
	／	☐	☐
	／	☐	☐
	／	☐	☐
	／	☐	☐

キリトリ線

英語3年 開隆堂版